現代民主政體之父 盧梭

反對君權神授、爭取平等自由，法國大革命的思想先驅

劉燁，曾紀軍 編譯

Jean-Jacques Rousseau

「人是生而自由的，但卻無往不在枷鎖之中。」
——讓．雅各．盧梭

- 他所倡導的「主權在民」理念，至三百多年後的今天仍受用無窮
- 強調個體自由、本真自我和主體性存在，為存在主義哲學奠定基礎
- 其理論深刻影響了人類學與社會學，被視為後現代主義思想的先驅

崧燁文化

序言

讓・雅克・盧梭（西元一七一二至一七七八年），法國著名啟蒙思想家、哲學家、教育家、文學家，是十八世紀法國大革命的思想先驅，啟蒙運動最卓越的代表人物之一。

盧梭認為，一切權利應該屬於人民，而政府和官吏是由人民委任的，人民有權委任他們，也有權撤換他們，直至消滅奴役壓迫人民的統治者。這就是盧梭的人民主權思想。

從盧梭的主要著作中，我們能夠非常清楚地瞭解盧梭的民主思想。盧梭的主要著作有：

《論人類不平等的起源和基礎》

該書是盧梭於一七五三年冬應法國第戎科學院的「人類不平等的起源是什麼？人類不平等是否為自然法所認可？」有獎徵文而作，一七五四年十月完成，一七七五年四月出版於阿姆斯特丹。

在書中，盧梭假想人類在進入社會狀態前曾生活在自然狀態中：那時的人類過著離群索居的生活，沒有固定的家庭生活，沒有住宅，沒有財產，人與人的交往最經常的只是兩性結合的短暫時期；生產力雖然低下，但由於人們的精神和物質需要都很少，就易於得到滿足；人沒有互相攻擊和掠奪的本性，只有憐憫他人和自我保存的感情；人的各種機能、欲望和情感都處於低級階段，不存在精神的、政治的不平等。但是，人有獨特的異於禽獸的自我完善的能力，共同勞動、家庭的發展促進了人與人的交往，使人的潛在機能被激發起來，導致社會狀態的出現。私有制是文明社會的基礎，農業和冶金術的發明是導致這一巨大變革的決定性原因。從此，人類產生了許多新的欲望和偏見，道德急遽墮落，富人和窮人的差別出現了，人類陷入可怕的戰爭狀態。於是，富人哄騙窮人訂立社會契約，社會和法律就是這樣起源的，它們保護富人欺壓窮人，這是不平等發展的第一階段。訂立了契約就需要有保障其實施的強力機構，權力的設立是不平等發展的第二階段，它確立了弱者和強者的區別。暴君政治的出現是不平等發展的第三階段和頂點，它確立了主人和奴隸的區別。既然暴君依仗暴力蹂躪法律，人民就有權用暴力推翻他。正如盧梭自己說的那樣：「這部作品在全歐洲只有很少的讀者能讀懂，而在能讀懂的讀者中又沒有一個願意談論它」。伏爾泰曾嘲諷說，讀了此書「使人不禁想用四肢爬行」。

《社會契約論》

該書是盧梭原計劃寫作的《政治制度論》一書的撮要，一七六二年四月出版於阿姆斯特丹。

盧梭認為，人們之間基於自由意志而訂立的社會契約是國家的唯一合法基礎。契約的目的是達到每個結合者的平等和自由。平等是自由的前提，它的核心是財產私有制基礎上的同等權利。自由則是個人自由與社會服從相一致，即每個公民既是主權者的一個成員，又是國家的一個臣民。盧梭把國家設想為一個公共人格，具有自己的生命和意志。國家的意志必須以人民的公共利益為基礎，永遠著眼於全體共同的目標，才是公正的。盧梭認為，主權具有不可轉讓、不可分割、不可被代表的性質。主權必須由人民集體直接行使。法律的制定權只屬於人民。政府是主權者的執行人，它的權力來自人民的委託，人民透過定期集會，決定是否保留現有的政府形式，以及是否讓執行者繼續當政。為了防止政府可能篡奪主權，盧梭又提出小國論，以保證人民集會，監督政府。這部著作的激進原則和深刻哲理，對法國大革命、美國獨立戰爭和後來的許多思想家產生了深遠影響。

《愛彌兒》

該書是第一本小說體教育名著。寫於一七五七年，一七六二年第一次在荷蘭的阿姆斯特丹出版，轟動了整個法國和西歐一些資產階級國家，影響重大。

在此書中，盧梭透過對他所假設的教育對象愛彌兒的教育，來反對封建教育制度，闡述他的資產階級教育思想。盧梭的教育思想是從他的自然人性觀出發的。他認為，人生來是自由、平等的；在自然狀態下，人人都享受著這一天賦的權利，只是在人類進入文明狀態之後，才出現人與人之間的不平等、特權和奴役現象，從而使人失掉了自己的本性。為了改變這種不合理狀況，他主張對兒童進行適應自然發展過程的「自然教育」，以培養資產階級理性王國的「新人」。盧梭的所謂「自然教育」，就是要服從自然的永恆法則，聽任人的身心的自由發展，其手段就是生活和實踐，主張採用實物教學和直觀教學的方法，讓孩子從生活和實踐的切身體驗中，透過感官的感受去獲得他所需要的知識。與自然教育密切相聯的，盧梭還主張對兒童進行勞動教育和自由、平等、博愛的教育，使之學會謀生的手段，及早地養成支配自己的自由和體力的能力，保持自然的習慣。

《懺悔錄》

該書是一部影響巨大的作品，寫於一七六五～一七六七年，是盧梭被當局和教會通緝、逮捕，被當作瘋子、「野蠻人」而受到緊追不捨的迫害，貧困潦倒，在顛沛流離的流亡生活中斷斷續續完成的。寫作的動機是還自己一個清白，是一部在四面受敵的情況下為自己的存在辯護的自傳，整部書充滿震撼人心的悲憤的力量，讓人血脈噴張，過目難忘。

本書正是以上盧梭代表作的精選譯本，反映了盧梭民主哲學的主要思想和理論。為了便於讀者閱讀，我們對部分內容做了刪節，適當加了小標題，並在每個小標題的正文前對這一標題的內容作了總結性的概括。從本書中，我們可以感悟盧梭對人生、自然的態度，領略盧梭對社會、財富、科學與藝術的理解，體會盧梭那淳樸、澄明、追求完美的天性……

盧梭年譜

一七一二年六月二十八日，盧梭生於日內瓦。他的父親是鐘錶匠，母親在他出生十天後去世。盧梭自幼由姑母蘇珊・盧梭撫養。

一七二二年，盧梭的父親離開日內瓦，正式定居尼翁。盧梭和表兄寄養在離日內瓦不遠的傳塞城朗貝西埃牧師家。

一七二四年，盧梭回日內瓦住在舅舅家，跟隨一名文書當學徒。盧梭的父親在一七二六年再婚，第三年盧梭去了昂西，由一名神父介紹他去見德・華倫夫人。夫人派他去都靈新教士教育院，在那裡盧梭宣誓放棄新教信仰。他在都靈時曾在德・韋塞利夫人家當了三個月僕人，後來又侍候德・古封伯爵。

一七二九年，盧梭回到昂西住在德・華倫夫人家，然後在拉薩爾派神學院過了數月，成了大教堂唱詩班見習生。其間又去佛立堡、洛桑，在紐沙特教音樂課。

一七三六年，盧梭和德・華倫夫人首次住進秀美園。

一七三七年，根據日內瓦法律，盧梭成年，去日內瓦接受母親的遺產。他動輒生病，對健康日益不安。

一七三八年，盧梭回秀美園遭到德．華倫夫人的冷遇，他一人發奮自學。

一七四二年，盧梭到了巴黎．；盧梭經人推薦向法蘭西科學院宣讀他的《音樂新符號建議書》，為此獲得一份證書。

一七四三年，盧梭擔任德．蒙泰古伯爵的祕書，伯爵到威尼斯當大使，他隨同前往，不到一年即與德．蒙泰古鬧翻。回到巴黎，在一家公寓居住時，遇到洗衣婦泰蕾茲．勒瓦瑟。

一七四五年三月，盧梭與泰蕾茲同居。他完成歌劇《風流詩神》。結識了狄德羅和孔狄亞克。他還把伏爾泰和拉莫合作的《拉米爾的慶典》編為歌劇。

一七四六年年，盧梭做了杜平夫人的祕書。在杜平的鄉間住宅中，盧梭寫了一出詩劇：《西爾維的幽徑》。他的第一個孩子出生，被他送入孤兒院。

一七四七年，盧梭的父親故世。他又寫出喜劇《冒失的訂約》。

一七四九年，應達朗貝爾之約，撰寫《百科全書》中的音樂條目。他計劃參加第戎學院組織的論文競賽。

一七五零年，第戎學院授獎給盧梭《論科學與藝術的昌明會敦化抑或敗壞風俗》一文。

一七五二年十月，盧梭的喜歌劇《鄉村先知》在楓丹白露宮法國國王路易十五駕前演出，獲得觀眾極大迴響。國王要召見他，他卻沒有前往。

一七五四年，盧梭由泰蕾茲陪同前往日內瓦，重新皈依加爾文教派，恢復日內瓦公民身分。同年十月，盧梭完成《論人類不平等的起源和基礎》的撰寫。

一七五六年，盧梭和泰蕾茲住進德比內夫人家的隱盧，開始寫《新愛洛依絲》。

一七五七年，盧梭與狄德羅爭吵，後又和解。又與德比內夫人不和，十二月遷出隱盧。盧梭感到幻想失落的悲哀。愛情和友誼都把他拋棄了。他開始懷疑存在一個巨大的陰謀：所有的老朋友串通一氣要坑害他。他精神頹廢，放棄許多寫作計劃。但是又幻想得到權貴的保護，接受德．盧森堡元帥的好意，住進蒙莫朗西的蒙路易花園。

一七六一年，盧梭的《朱麗》（或名《新愛洛依絲》）在巴黎出版，獲重大成就。

一七六二年，盧梭發表《致德．馬勒澤爾布先生的信》（二月）、《社會契約論》（五月）、《愛彌兒》（五月）。不久，《愛彌兒》一書被警察沒收，在巴黎（索爾邦）大學受到批評，遭國會查禁。盧梭風聞當局下令逮捕他，立刻逃往瑞士，到達伊弗東，匿身在沃德山村。這時日內瓦也查封《愛彌兒》和《社會契約論》，並也下令逮捕盧梭。盧梭只得再次逃亡，躲在屬普魯士的紐沙特公國內的莫蒂埃。

一七六四年，盧梭寫《山中書簡》。十二月日內瓦出版匿名小冊子《公民的感情》，影射盧梭遺棄自己的五個孩子，把他們送進孤兒院，促使盧梭決定寫《懺悔錄》。

一七六五年，盧梭被逐出莫蒂埃，去比安湖中的聖彼得島，隱居兩月後逃至斯特拉斯堡，又去巴黎，後接受英國哲學家休漠邀請前往英國。沒過幾個月盧梭與休謨發生爭吵，寫小冊子相互指責，倫敦與巴黎的輿論界對這場爭吵非常關注。

一七六七年，英國國王喬治三世同意給盧梭每年一百英鎊年金。盧梭離開英國伍頓，自後行蹤不定。

一七六八年，盧梭帶了圖書和在島上採集的植物標本前往里昂，到格勒諾布爾，經過尚貝里，在布古萬住下，八月與泰蕾茲正式完婚。

一七七零年，盧梭去里昂參加伏爾泰塑像揭幕典禮。回巴黎住下，這時《懺悔錄》手稿開始在密友中間傳閱。

一七七四年，盧梭跟德國音樂家格魯克來往，為《鄉村先知》重譜樂曲。

一七七六年，《對話錄：讓．雅克評論盧梭》完稿，又寫《孤獨散步者的遐想》第一卷。他身體衰老，生活困難，泰蕾茲也生病多時。

一七七八年七月二日，盧梭病逝，葬於楊樹島。

一七九四年，法國大革命五年後，盧梭遺骸遷葬於巴黎先賢祠。

目錄

上篇　論民主

下篇　論教育

附錄

上篇　論民主

盧梭作為啟蒙運動的代表和平民階層的代言人，其從根本上否定當時貴族統治階級的「文明」，他認為自然是美好的，出於自然的人是生來自由平等的，因此，應該以自然的美好來代替「文明」的罪惡。盧梭倡導平等，宣揚天賦人權，其民主思想在當時以及後世都產生了重大影響。

第一章 社會形態

起初，人類在原始社會，生活在自然狀態之中，毫無疑問，他們是獨立的、自由的。但由於生存的需要，他們不得不結合起來，擁有足夠賴以生存的力量。由此，他們從自然狀態進入了社會狀態。在社會狀態中，人類產生了巨大的變化，在他們的行為中，本能被正義取代，他們的行為被賦予了前所未有的道德性，而與此同時，人類也失去了……

論古老的社會

盧梭認為，家庭是所有社會中最古老的自然社會。而家庭又是政治社會的原始模式。在這一模式中，父親的形象代表首領，孩子的形象則代表人民，人人生來就是平等和自由的。但事實如何呢?在政治社會中，統治的樂趣取代了統治者對人民所缺乏的那種愛……

毫無疑問，家庭是所有社會中最古老的自然社會。

在家庭中，孩子只有在需要父親來保護自己的階段，才是與父親密不可分的。當這種保護的需要停止之後，孩子對父親自然的依附也就消失了。

這個時候，父親不必再照顧孩子，孩子也不必再服從父親，父親和孩子都進入了獨立的狀態。

即使他們仍然結合在一起，他們之間的關係也已不是自然的結合，而是自願的結合，而家庭本身只是靠協議來維繫。

之所以如此，完全是由於人的本性的作用。

簡單而言，人的第一要義在於保全自己。無論是誰，首先關心的是自己，當一個人到了懂事的年紀，當他能自己判斷什麼樣的方法適合保護自己的時候，他就成為了自己的主人。

所以說，家庭是政治社會的原始模式。

在這一模式中，父親的形象代表首領，孩子的形象則代表人民，人人生來就是平等和自由的，人們只有在為自己的利益考慮時，才會轉讓他們的自由。

以上是家庭和社會最明顯的共同點，而家庭和社會最主要的區別則在於：在家庭中，父親對於孩子的愛，是透過父親對孩子的呵護來體現的；但在國家中，統治的樂趣取代了統治者對人民所缺乏的這種父愛。

格勞秀斯否認，一切人類政權都是為了人民的利益而建立的，他以奴隸制為例。想來，格勞秀斯的言論，對那些暴君更為有利。

如果按照格勞秀斯所言，那麼，到底人類是屬於一百多個人的，還是這一百多個人是屬於人類的，就非常值得懷疑了。

在格勞秀斯所寫的書中，他似乎更傾向於「人類是屬於一百多個人」的觀點。如此，人類好比被分為若干群的牛羊，每一群牛羊都有自己的首領，而首領之所以看護他們，是為了吃掉他們。

非常明顯，牧人的素質要高於其羊群，首領作為人類的牧人在素質上也要高於他們的人民。據費隆所述，卡利古拉皇帝就是這樣認為的，他從這一類比中得出結論：國王是神；或者說，人民是牲畜。

由此可見，卡利古拉的推理與格勞秀斯的推理不謀而合。

其實，早在古希臘時期，亞里斯多德就說過，人生來就是不平等的，一些人生來就是統治者，而其他人生來就是被統治者。

亞里斯多德的話很有道理，但他卻把結果當成了原因。

事實上，所有生來為奴的人，是為了做奴隸而生的。他們在枷鎖面前失去了一切，甚至失去了掙脫枷鎖的願望。他們甚至已經麻木地喜歡上了這種被奴役的狀態。之所以出現這樣的情況，是因為之前就有這種違背了自然的情況。

毫無疑問，實力造就了最早的奴隸，奴隸的懦弱使他們永遠淪為奴隸。

論最強者的權利

盧梭對「最強者的權利」作了簡要的分析，旨在說明：強力並不構成權利，而人們只是對合法的權力才有服從的義務。

毫無疑問，即使是最強者，也絕不會強大到永遠做主人，除非他們能夠將他們的強力轉化為權利，將服從轉化為義務。

所謂「最強者的權利」，表面上看來，好像是一種譏諷，但事實上，這已經成為了一種原則。

但是，直到今天還沒有人為我們解釋一下「最強者的權利」這一名詞。

在我看來，強力是一種物理力量，而強力的作用不可能產生什麼道德。

向強力屈服，不是一種意志的行為，而是一種必要的行為，它最多只是一種比較明智的行為而已。

那麼，從什麼意義上來說，它才能是一種義務呢？

現在，我們姑且假設有這種所謂的「權利」，但在我看來，其結果不過是產生一種無法自圓其說的謊言而已。

因為，只要是強力形成了這種權利，其結果就會隨原因而改變。

也就是說，凡是凌駕於前一種強力之上的強力，也就接替了它的權利。

事實上，只要能不服從而不被懲罰，那麼，人們就會合法地不再服從。而且，既然最強者總是有理的，所以問題就只在於怎樣做才能使自己成為最強者。

然而，這種隨強力的終止而消失的權利，又算是一種什麼樣的權利呢？

倘若必須要用強力使人服從，人們就無須根據義務而服從了；因而，只要人們不再是被迫服從時，他們也就不再有服從的義務。

由此可見，「權利」一詞，並沒有給強力增添任何新東西；它在這裡完全沒有任何意義。

如果說：「你應該服從權力。」倘若這就是說，應該向強力屈服，那麼，這條誡命雖然很好，卻是多餘的。

試想，如果我們在森林中被強盜劫持，不僅是由於強力我們必須把錢包交出來，而且如果我們能把錢包藏起來，我們在良心上不是也要不得不把它交出來嗎？因為，畢竟強盜拿著的槍也是一種權力啊！

那麼，就讓我們承認：強力並不構成權利，而人們只是對合法的權力才有服從的義務。

論奴隸制

在盧梭看來，人生來就是自由的，即使是小孩子，他們的自由也只屬於他們自己，任何人（即使是他們的父親）也沒有任何理由轉讓他們的自由。正因為此，盧梭批判奴隸制度，認為其是不合法，而且是極其荒謬的。盧梭告訴我們，無論是誰，都沒有任何權利奴役他人，更沒有權利奴役一個民族……

無論是誰，對於自己的同類也不可能擁有任何一種天然的權威，而且強力不可能產生任何一種權利。

因此，我們必然得出這樣一個結論：契約是人類形成一切合法權威的基礎。

如果按照格勞秀斯所說，每一個人都可以轉讓出自己的自由，使自己變成他人的奴隸。那麼，為什麼全體人民就不能轉讓出他們的自由，使他們臣服於某個國王呢？

這裡有一些隱晦的詞語需要解釋，如「轉讓」一詞。所謂「轉讓」，是指賣出或送出。

倘若一個人把自己賣出去（並不是把自己送出去）而成為他人的奴隸，這樣做，也許是為了自己生存的需要。

如果是這樣的話，尚可以理解。但是，一個民族為什麼要出賣自己呢？這樣的情況是多麼讓人費解——國王遠遠不能供應其臣民生存的需要，反而只能從臣民那裡獲取他自身的生活上所需要的供養。

難道臣民們在獻出自己身體的同時，國王還要掠奪他們的財產嗎？那麼，臣民們還能剩下什麼為自己所有呢？

或許有人會說：「專制君主可以為他的臣民確保國內的安寧。」

即使如此，那麼，接下來又會怎麼樣呢？

專制君主的野心所引發的戰爭、專制君主貪得無厭的欲望以及專制君主的官吏們不斷地騷擾……如果所有這些使人民感到負擔更加沉重，那麼，他們又能做什麼呢？如果人民所享受的這種安寧本身就是一種災難，那麼，他們從中又能得到什麼呢？

打個比方來說，地牢裡的生活同樣也很平靜，難道那就足以讓人們渴望搬進去生活嗎？

如果說一個人毫無理由地將自己轉讓出去，那是令人難以置信的。倘若真的有人這麼做了，那麼，他一定已經喪失了應有的理智。如果說一個民族將自己轉讓了出去，那麼，可以想像，這個民族的人民一定都已經瘋掉了。

退一步來說，即使每一個人都可以轉讓自己的自由，那麼，他也不能轉讓自己的孩子的自由。因為，孩子生來就是自然的、獨立的人，他們生來就是自由的，他們的自由屬於他們自己，任何人（即使是他們的父親）都無權轉讓他們的自由。

事實上，如果一個人放棄了自由，那麼，他就不能為人了。也就是說，放棄了自由，就是放棄了自己做人的權利，甚至就是放棄了自己為人的義務。

這樣的一種放棄與人的本性是相違背的，且放棄了自己意志上的一切自由，同時也意味著取消了自己行為上的一切道德規範。

所以，最終我們所建立起的就是一個沒有意義而且自相矛盾的契約：締約的一方擁有絕對的權威，而另一方則只能是永遠地服從。

對於一個我們有權利向他榨取一切的人，我們對他並不承但任何義務，這難道不是明擺著的事情嗎？在缺乏等價交換的情況下，難道這些條件本身不就蘊含著這種行為的無效性嗎？

原因在於，按照上述邏輯，我的奴隸無論依據什麼樣權利來反對我，由於他的一切都屬於我所有，當然他的權利也就是我的權利。所以說，這樣一種「以我自己的權利來反對我自己」的話，不就是一句毫無意義的空話嗎？

格勞秀斯等人指出，戰爭是這種所謂的奴隸制的另一個起源。他們宣稱：勝利者具有殺死被擊敗者的權利，但被擊敗的人可以用自己的自由為代價來贖回自己的生命。而且，從表面上來看，這種契約似乎要合法得多，因為它對締約雙方都是有利的。

實際上，這種設想的殺死被征服者的權利，絕不會是從戰爭的狀態推斷出來的。當人類生活在原始狀態的時候，他們是相互獨立的，彼此之間絕不存在任何穩定性的關係，當然也就難以構成所謂的和平狀態或者戰爭狀態。人與人之間不可能是天生的敵人。引發戰爭的原因，並非人與人之間的關係，而是物與物之間的關係。因為，戰爭狀態並不是產生於單純的人與人之間的關係，而僅僅產生出實物的關係。

因此，私人戰爭（人與人之間的戰爭），就既不可能存在於自然狀態之中，也不可能存在於社會狀態之中。因為自然狀態下還根本沒有出現固定財產權，不會引起戰爭；而在社會狀態下一切都處於法律權威之下，也不會引起爭執。

毫無疑問，那些個人之間的爭鬥，都難以形成一定的氣候。而那些經國王的敕令批准且以「上帝的和平」為名義的私人戰爭，僅僅是封建制度的濫用職權。如果說它在過去是一種制度，那麼，它本身也是一種荒謬的制度，因為這種所謂的制度是違反自然權利原則的，更是違反一切良好政體本義的。

因此，我們可以得出這樣一個結論：戰爭絕不是一種人與人之間的關係，而是一種國家與國家之間的關係。

在戰爭中，人與人之間成為敵人，是出於偶然，他們不是以自由人的身分，甚至也不是由於公民的身分，而僅僅作為士兵才成為敵人的。他們絕不是作為國家的成員才成為敵人的，而只是由於作為不同國家的保衛者。在性質上完全不同的事物之間，不存在任何真正的聯繫。所以，一個國家就只能以別的國家為敵，而不能以其中的個人為敵。

所以說，宣戰不僅僅只是一個國家向另一個國家政權的宣戰，更是向另一個國家臣民的宣戰。

而在戰爭中，君主在敵人的土地上，可以放手安排或佔有全部的公共所有物，但是他應該尊重個人的生命和個人的財產，因為他們的權利有著與自己一樣的依據。

很顯然，戰爭是為了摧毀敵國。戰爭中，有權殺死敵國保衛者，這是由於他們手中有致命的武器。但是，只要他們投降了，放下了手中的武器，他們就不再是敵人，因為此時，他們已經又成為自然的、單純的個人了。重要的是，任何人也不再具有殺死他們的權利。

除了最強者的理論之外，征服的權利就沒有任何別的基礎了。如果戰爭本來就沒有賦予那些征服者相應的權利，讓他們去殺戮被征服地區的人民，那麼，他們奴役被征服者的權利的基礎，也就必然是不存在的。

因此，奴役敵人的權利絕不是源自殺死敵人的權利。相隊的，讓人以出賣自己的自由為代價為贖回任何人也沒有任何權利來處置的生命，這本身就是一場不公平的交易。

根據奴役的權利來確定生與死的權利，又根據生與死的權利來確定奴役的權利，這不就顯然陷入一個惡性的循環之中了嗎？

總之，無論從何種意義上來說，任何人都沒有理由奴役他人。這不僅僅因為它不合法，還因為它非常荒誕。

「奴隸」和「權利」，這兩個詞是互相矛盾的，而且它們之間又是彼此排斥的。如果一個人對另一個人說：「我和你訂立一個契約，責任負擔完全歸你，而利益完全歸我。只要我喜歡，我就守約；而且只要我高興的話，你也會守約。」這當然是荒唐的。如果一個人對全體人民說了這樣的話，同樣也是荒唐可笑的。

論最初的約定

盧梭的話語，處處透著智慧，他的民主思想迎面撲來、躍然紙上，即使是在今天，仍能讓人深受啟迪，感悟頗多。

現在，即使我對之前我所反駁的一切觀點予以肯定，我想，專制主義擁護者的處境也不會因此而得到改善。

事實上，征服一群人和治理一個社會，這兩者之間存在著巨大的差異。如果一個人征服了很多獨立的個人，無論這些人的數量是多麼地龐大，這個人和他所奴役的人，根本不可能是人民和統治者的關係，而僅僅是主人和奴隸的關係。

他們或許能聚集在一起構成一群人，但他們絕不是一個人民的聯合體，因為他們之間既不是一個政治團體，也沒有什麼共同的利益。

即使這個人奴役了再多的人，他也仍然只是一個單獨的個人，他的利益僅僅是他自己的利益，而不是他所奴役的人的利益。

毫無疑問，當這個人死了之後，他所留下來的帝國將會因為缺乏聯合體的聯繫性而土崩瓦解。

格勞秀斯曾經說：「人民可以把他自己送給一位國王。」根據格勞秀斯的觀點，人民在把他們自己當作禮物送給國王之前就已經是人民了。這種贈送的行為本身就是政治的行為，它假定這經過了公眾的深思熟慮。

因此，在考察人民使自己服從於一位君主的行為之前，我們首先應該仔細考察人民是透過一種什麼樣的行為使自己成為人民的，因為既然這種成為人民的行為先於服從於一位君主的行為，那麼，它才是社會真正的基礎。

事實上，如果沒有事先約定的話，除非這種選舉是全體一致同意的，否則那些少數人為什麼會有義務來接受多數人的決定呢？一百個想要主人的人有什麼權利代表那十個不想要主人的人來投票呢？少數服從多數的規則本身就依賴於一項契約，它意味著對此至少曾經在某種場合下有過全體一致的同意。

論社會契約

「社會契約論」，是西方十七、十八世紀資產階級用以反對封建「君權神授」理論、爭取平等自由的政治地位的思想武器，在此前提下，西方資本主義及其各項相應的制度才得以充分發展，因此，社會契約理論不僅是資產階級民主共和國家在政治上與法律上獲得正當化的基礎，同時亦為資產階級國家以平等、自由為核心理念的法律制度得以確立並發達的先導。盧梭是探討社會契約論的先行者，處在革命時代的各國資產階級皆曾把他的相關理論當作福音，並在革命勝利之後參照其確立了本國的政治、法律制度。

在我看來，在自然狀態下，危及人們生存的阻力比人們為維持生存而做的努力更加厲害。

那麼，在這種原始的自然狀態下，人們無法繼續生存，他們必須改變他們的生存方式，否則，他們將走向滅亡。

但是，由於人們不能創造出新的力量，只能結合原有的力量，所以，他們必須結合成足以克服阻力的力量，由一個唯一原動力發動起來，而一致動作。

這種力量的結合，需要許多人結合在一起才能辦到。

既然，每個人的力量和自由是其賴以生存的唯一工具，那麼，他應該如何將它們提供出來，同時又不忽略對自己的關心呢？

換言之，我們應該找出一種怎樣的結合的方式，能以社會的全力保護每個分子的生命財產，同時每個分子一方面與全體相結合，一方面仍然可以只服從他自己並仍然和從前一樣自由？這是社會契約所要解決的根本問題。

這一社會契約中的各項條款是由該訂約行為的性質所決定的，稍加修改，便足以使之失效。那些條款，雖從未正式發表，但它們是天下一樣、各處都加以默許的。一旦社會契約破壞，每個分子就回覆其原來的權利和自然的自由，至於他拋棄自然的自由而得到的社會契約上的自由，則歸於消失。

那些條款，正確地解釋起來，可歸納為一條：每個分子連同他的權利都完全讓予整個的社會。

其一，因為每個分子都把自己完全讓予社會，則大家的條件都相同；因為大家的條件都相同，所以，沒有人能去定出條件，以損人利已。

其二，該讓予是沒有保留的，所以，結合是盡可能的完善，沒有一個人會再要求什麼。因為，如果個人還有什麼權利保留著，則因沒有共同的標準以判斷他們和公眾的關係，而每個人在某些事情上是由他自己判斷，而他很快又要一切都由他自己判斷，這樣，自然的狀態將仍存留，而該項結合將成為專制的或無效的。

總之，每個人把自己讓予公共，就不是把自己讓予什麼人了；他對於每個分子，都可取得相同於他自己所許給他人的權利，所以，他獲得的相當於他所喪失的一切，並獲得更多的力量以保護他所有的一切。

由此可見，如果我們刪去了那些不是社會契約要素的各點，我們便可知道社會契約可簡述為：我們每個人都把自身和一切權力交給公共，受公意的最高的指揮，我們對於每個分子都作為全體的不可分的部分看待。

這種訂約的行為，立即把訂約的個體結合成一種精神的集體。這集體是由所有到會的有發言權的分子組成的，並獲得統一性和共同性，及其生命和意志。這種集體，古代稱為城市國家，現在稱為共和國或政治社會。

這種共和國或政治社會，又由它的分子加以種種的稱號：從其被動方面稱之為「國家」；從其主動方面稱之為「主權」；和類似的團體比較時，又稱之為列強的「強」。

至於結合的分子，集合地說來，稱為「人民」；個別地說來，就是「主權者」，稱為「公民」；作為國家法律的服從者，稱為「國民」或臣民。

論主權體

盧梭指出，由於個體的結合，從而形成了全體，而全體和個體之間存在著一種相互的約定。但是，現實生活中，個體利益可能與共同利益背道同馳，或個體只想享有公民的權利而不願盡公民的義務，因此就迫切需要這樣一個約定：不論是誰，如果他拒絕服從普遍意志，那麼，整個實體將強迫他服從。

至此，我們發現，這一約定包含著一種全體和個體之間的相互約定。我們可以說，每一個人其實也是在與他自己簽訂契約，他受到雙重關係的制約——在主權面前，他是國家的一分子；在個人面前，他是主權體的一分子。

但是，這裡不能應用「任何人都無須遵守他與自己所訂立的約定」這一民法準則，因為，自己向所屬的整體承擔義務與自己向自己承擔義務是有很大區別的。

我們還必須注意，因為每個人都要被置於兩種不同的關係中加以考慮，公共決議儘管可以使所有臣民對主權體承擔義務，卻不能因為相反的理由使主權體對其自身承擔義務，因此，如果主權體對自己套上一種不能違犯的法律，那是有違政治實體的本質的。

因為，主權體只在唯一的並且是同一種關係之下考慮自己，所以，其就像一個與自身訂約的個人。

由此可見，對於人民這一實體來說，既沒有也不可能有任何強制性的基本法，甚至社會契約也不是。這並非意味著該實體在不違反這一契約的前提下不能與他人訂約，因為它對外就變成了一個單一的存在、一個個體。

然而，政治實體或主權體的存在是以契約的神聖性為前提的，甚至對外它也永遠不能作出任何違反這一原始約定的事情，如把自己的一部分轉讓出去或使自己服從於另一個主權體，則破壞了它所賴以存在的約定就等於自行消失，本身既不存在的東西也不會產出任何東西。

一旦眾人結成了一個實體，別人冒犯其中的一個成員就等於進攻整個實體，而冒犯實體就更使其成員們感到切膚之痛。因此，義務和利益使訂約雙方都要相互幫助，這些人應設法把取決於此的所有好處都集中於這種雙重關係之下。

然而，由於主權體只是由主權體的個人組成，所以它沒有、也不能有與他們利益相反的利益，因此，主權權力不需要對臣民作出任何保證，因為該實體不可能故意損害全體成員的利益。

但是，臣民對於主權體來說就不是這樣了，儘管有著共同的利益，如果主權體無法使其臣民確保忠誠，它就無法保證臣民履行他們的約定。

事實上，作為人來說，每一個人都可以有與他作為公民來說所有的普遍意志相反或不同的個別意志。他的個人利益所授意他的可能與共同利益完全背道同馳，他的絕對的、與生俱來的獨立的存在可能使他把他對共同事業應盡的義務視為一種無償的貢獻，不做貢獻對他人也沒什麼損害，而做貢獻對自己反而帶來負擔；由於個人把構成國家的這一法人看做一個理性的存在，因為國家本來就不是一個，他就只想享有公民的權利而不願盡臣民的義務。這種不公任其發展將導致政治實體的垮台。

所以，為了使社會契約不至於淪為空洞的教條，它應暗含著這一約定，只有該約定才能賦予其他約定以力量：不論是誰，如果他拒絕服從普遍意志，那麼整個實體將強迫他服從。

之所以這樣做，其實是為了保持他的自由，因為這一條件在將每個公民奉獻於祖國同時，也確保他不再依附於任何個人，該條件成為政治機器的機關和奧妙之所在，只有它才使社會約定合法化。反之，如果沒有這一條件，社會約定將是荒謬的、暴戾的，容易發生最大的濫用。

論社會狀態

由自然狀態進入了社會狀態，人類產生了巨大的變化，在他們的行為中，本能被正義取代，他們的行為被賦予了前所未有的道德性。有得必有失，人類在得到的同時，也失去了一些東西……

人類自從自然狀態進入了社會狀態便產生了巨大的變化，在他們的行為中，本能被正義取代，他們的行為被賦予了前所未有的道德性。

事實上，只有當生理的衝動被義務的呼聲所取代、嗜欲被權利所代替，自然狀態中只知道關愛自己的人類，才意識到自己不得不按照其他的原則行事，也就是說，在按照自己欲望行事之前，要先聽從自己的理性。

在社會狀態中，雖然人類被剝奪了他們從自然得來的許多便利，但他們卻得到了許多新的、巨大的收穫——他們的能力得到了鍛鍊和發展，他們的思維開闊了，他們的情感高尚了——可以說，他們從一個愚昧的、侷限的動物，一躍而為一個有智慧的生物。

那麼，簡單來說，人類到底失去了什麼，同時又得到了什麼呢？人類由於社會契約而喪失的，是其天然的自由，以及對於他所企圖的和所能得到的一切東西的那種無限的權利。人類由於社會契約而獲得的，是社會的自由，以及對於他所享有的一切東西的所有權。

為了我們能在權衡得失時不至於發生錯誤，我們必須很好地區別以下幾點：

其一，我們必須很好地區別，僅僅以個人的力量為其界限的自然的自由，和被公意所約束著的社會的自由。

其二，我們必須認真區別，僅僅是由於強力的結果或者是最先佔有權而形成的享有權，和只能是根據正式的權利而奠定的所有權。

除此之外，我們還必須清楚人類在社會狀態中所擁有的道德的自由。實際上，唯有道德的自由才使人類真正成為了自己的主人。因為，僅擁有欲望的衝動，是奴隸狀態；唯有服從人們自己為自己所規定的法律，才是自由。

論財產

盧梭認為，在社會形態中，個人要將自己的財產奉獻給社會，當然，財產的性質不會因此而改變。在這一過程中，個人並沒有失去什麼，相反，卻得到了社會對其財產的承認，以及其他社會成員對其財產的肯定。如此，個人所擁有的財產就是合法的，是受到全社會保護的。

在社會政體形成之前，每個成員都把自己及自己所擁有的一切交給了社會。

事實上，這一交予的過程，並不會因為財產的交予而改變財產的性質。

毫無疑問，公共財產遠比個人財產強大，就好像國家力量遠遠大於個體力量一樣。

國家對於其公民，透過社會契約的方式，對公民的個人財產權有著完全的控制，從而在國家內部形成公民權利的基礎。而在國家之間，財產權仍然依照先占先有的原則，這與獨立個體的先占權是對等的。

相對於強權佔有而言，先占先有的原則更為真實，但這種佔有並不構成真正的權利，除非私有財產權的確立。

事實上，每一個人都擁有對其所必須的東西的佔有的天然的權利，但只有在法律承認的情況下，他才能真正成為其財產的擁有者。當然，其所擁有的財產也是有限制的，至少他不能對公共財產有所侵犯。

由上可見，在自然狀態中脆弱的先占權，在社會狀態中得到了完全的尊重。這種對私有財產的尊重，與其說是對他人財產的尊重，不如說是對不屬於我們的財產的尊重。

簡單而言，對土地的先占先有的授權，下列條件是必須的：

其一，土地從未被任何人居住。

其二，土地的佔有必須是為了他的生存。

其三，土地的佔有不能是空洞的儀式，只能是透過勞動開墾。

在此，需要和開墾迫使先占先有權讓步，我們是否走到了極限？這樣的權利是否可以不受任何限制？是否一個人只要踏上了這片土地，就可以宣告擁有這片土地？如果一個人有能力驅逐他人而佔有這片土地，是否他有權讓他人永遠不再回來？當一個人或一個民族強占了大片領土，不讓他人涉足，難道這不是應該懲罰的罪惡嗎？因為，這個人或這一民族剝奪了自然賦予人類的共同的居住和食物資源。

當巴布亞（西班牙探險家）站在海岸上，以卡斯提王室的名義宣告擁有太平洋和整個南美洲的時候，難道他就真的憑此剝奪了居民所有的一切，並讓其他君主望而止步嗎？如果這樣的話，這樣的方法將被無限制地重覆下去，這是何等可笑！

我們很容易理解，個人所擁有的土地是如何結合而成為公共的土地的，也很容易理解公民所佔有的土地的所有權是何時開始生效的。這就使得所有人對國家更加依賴，而他們的財產就是他們忠誠的保證。

有意思的是，當個人將他的財產交予社會的時候，社會並沒有剝奪他的財產，相反，社會卻賦予他合法的所有權，從而使佔有變成了真正的權利。

如此一來，他就被視為公共財產的監護者，他的權利也為其他國人所尊重，面對外國力量，他受到國人一致的保護。

因此，這種財產的轉移，不僅對公眾有利，而且對個人更為有利。也就是說，個人拿回了他所奉獻的一切。

此外，還有一種可能，這就是當社會形成時，個人並沒有任何財產，在他們佔有足以維生的大片土地後，或一起公用，或將其分割……無論這一分配如何進行，個人對土地的權利要永遠從屬於社會對土地的權利，否則社會的紐帶和主權的實施就不會有力量和權威。

第二章 主權與公意

所謂「主權」，是指公意的運用，主權是不可轉讓和分割的。所謂「公意」，是指公共的意志，公意永遠是公正的。毫無疑問，盧梭是民主政治的先驅，在他的民主哲學中，處處透著「破除」與「創新」的智慧，閃現著「自由」與「平等」的光芒。

論主權

在盧梭看來，主權是公意的運用。盧梭認為，主權具有兩個顯著的特點：主權是不可轉讓的，主權是不可分割的。

唯有公意才能夠按照國家建立的目的來指導國家的各種力量。因為，如果說社會的建立成為必要是由於個別利益的對立，那麼，社會的建立成為可能則是由於這些個別利益的一致。

也就是說，正是這些不同利益的共同點，才形成了社會的聯繫；如果所有這些利益彼此並不具有某些共同點的話，那麼，就沒有任何社會可以存在了。

因此，治理社會就應當完全根據這種共同利益。

在此，必須說明：既然主權不外是公意的運用，那麼，主權就應該具有以下特點：

▼主權是不可轉讓的

主權永遠不可轉讓。並且，主權者既然只不過是一個集體的生命，那麼，就只能由他自己來代表自己。

實際上，即使個別意志與公意在某些點上相互一致也是可能的，但這種一致不可能經常而持久，因為公意總是傾向於平等，而個別意志總是傾向於偏私。

如果想要個別意志與公意始終保持這種一致，那就更加不可能了。如果現實中有這種情況存在，那不過是機遇的結果，而不可能是人為的結果。

主權者可以說：「我的意圖的確就是某人的意圖，或者至少也是他自稱所意圖的東西。」

但是，主權者不能說：「這個人明天所意圖的東西，也是我所意圖的。」因為，意志使自身受未來的束縛，所以這句話顯得非常荒謬。同時，也因為並不能由任何別的意志來許諾任何違反原意圖者自身幸福的事情。

所以，如果人民單純是唯唯諾諾服從，那麼，人民本身就會由於這一行為而解體，就會喪失其人民的品質；只要一旦出現一個主人，就立刻不再有主權者了，並且政治體也從此宣告毀滅。

▼主權是不可分割的

主權永遠不可分割。因為，主權是意志的體現與執行，而意志要麼是公意，要麼不是。它要麼是全體人民的意志，要麼只是一部分人的意志。

如果它是全體人民的意志，那麼，這種意志一經宣告，就已經成為一種主權者的行為了，同時也就構成了法律。

如果它只是一部分人的意志，那麼，它僅僅就是一種特殊意志，或是一種地方的行政行為，其最多也不過是一道行政命令而已。

然而，那些政治理論家們，雖不能從原則上把主權區分開來，但卻從對象上把主權進行了拆分。他們把主權分為立法權與行政權，又分為稅收權、司法權與戰爭權，還分為內政權與外交權。他們時而將它們區分加以利用，時而又將它們混為一談。

打個比方來說，主權者就好像是他們用幾個人的肢體拼湊成的一個人，其中有一個人的眼睛，一個人的手臂，另一個人的腳，而拼湊起來的這個人顯得非常彆扭，因為其肢體來源於不同的人，顯得非常不協調。

事實上，我們所犯的錯誤，可歸結為缺乏一種關於主權權威的準確概念，也可歸結為把僅僅是從主權權威中所流溢出來的部分誤以為是主權權威的主體構成部分。

比如，人們因此就這樣把發動戰爭或和親的行為看作是主權者的行為。而事實上我們並不能這樣解釋，說到底，這些行為並不構成法律，而僅僅是法律的應用。因此，它們也只是一種決定法律如何運用的特殊行為而已。

如果我們以同樣的方式考察其他分類的話，我們就會發現：無論什麼時候，當人們認為主權好像是分立的時候，那僅僅是一種幻覺。而被人當作是作為主權各個組成部分的那些權利，都只不過是從屬於主權而已，它們永遠要以公共意志為前提。而且，那些權利都只不過是最高意志的執行罷了。

論公意

所謂「公意」，是指公共的意志。公意永遠是公正的。但人們常常會把「公意」與「全體的意志」相混淆，事實上，兩者有著很大的區別：前者只考慮公共的利益，而後者則顧及私人的利益、且不過是個別意志的總和而已。

我們知道，公意永遠是公正的，而且是全體人民的公共利益。

但是，我們不能就因此說「人民的意志同樣始終是正確的」。事實上，人民雖不會「腐化」，但人民容易「受騙」，當人民受騙的時候，他們的意志就是不正確的了。

公意與全體的意志有著很大的區別，前者只考慮公共的利益，而後者則顧及私人的利益、且不過是個別意志的總和而已。

如果人民進行決議，而在決議前具有充分的智慧，但又沒有把意見互相交換，那麼，就可能出現這樣的情況——以互相一致的占大多數的個別意志來代表公共意志——那這種決議也終究是妥當的。

但是，如果出現了營私的黨派，以公共的利益為犧牲，則每個黨派的意志，對於其成員而言是公共的，對於國家而言則是個別的了。

這個時候，我們可以說，不再是有這麼多的人，便有這麼多的投票者，而是有這麼多的黨派，便有這麼多的投票者了。

這個時候，個人的個別意志愈少表示，而結果亦愈不是公共的了。最後的結果是，這些黨派中出現了一黨，它的勢力大到足以勝過其他黨派，那麼。結果的互相一致將不再是個人個別意志的總和，而是黨派的單獨意志。

那麼，便不復有公共的意志，佔優勢的意見只是個別的意見。

所以，要讓公共意志能表示出來，必須要國家之內沒有營私的黨派，每個公民應只依其自己的思想去表示自己的意見。

但是，如果有了黨派，那麼，這些組織則愈多愈好，並須防止它們之間的不平等。

總之，有了以上這些預防，才能保證公共意志始終開明地保證人民不致自欺。

論權力的界限

盧梭告訴我們，社會契約讓公民在履行義務的同時，還享有權利。儘管這種權力是一種十分絕對、十分神聖、不可侵犯的權力，但它並不超越、也不能超越普遍協議的界限，任何人都可以充分地支配這些協議所規定給他的財產和自由，以至於主權體永遠無權給某個公民比另一公民多施加負擔，因為那樣的話，就變成個別事件了，就超越了主權體的權限了。

如果說，一個國家只是一個法人，其生命力在於其成員的聯合。

如果說，一個國家最關心的就是其自身的安危。那麼，這個國家就需要一種全體的和強制的力量來調動和支配每個部分，使它們服務於整體。

這就如同自然賦予每一個人對其肢體所擁有的絕對的權威一樣，社會契約也賦予政治團體擁有對其每一個成員的絕對權力。

然而，除了國家之外，我們還要探討組成國家的個人，他們的自由及生命自然地獨立於國家，這就需要將公民和主權體加以明確區分，將公民所要履行的義務以及公民所應享有的權利區分清楚。

非常清晰，每一個人透過社會契約所轉讓的權利、財產和自由，只不過是其全部權利、財產和自由的一部分，而且這部分的用途對於共同體來說至關重要，但這種重要性只有主權體才能判定。

一旦主權體提出要求，公民就應當向國家提供他所能提供的所有服務。但是，公民卻不能對國家加以任何束縛，他甚至不能有這種想法。

社會團體對其每個成員的約束力之所以是強制性的，只是因為它們是相互的。它們具有這樣的性質，即在履行這些約束時，每個人在為別人工作的同時也是在為自己工作。

試想，如果不是因為每個人在為所有的人投票時想著的是自己，為什麼普遍意志總是正確的？為什麼所有的人希望重視他們之中每個人的幸福？

這也就證明，權利的平等以及由它所產生的公義概念源自每個人對自己的優先考慮，因此是源自人性。

這也證明，普遍意志要做到名至實歸，就應當在其目的上和本質上都應是普遍意志，它應當從所有的人出發以適用於所有的人，當它傾向於某種特定的個人目的時，它就失去了它的自然的公正性。

實際上，當涉及某種個別的事實或權利時，倘若某一點沒有為先前的全體協議所規定，那麼爭議就會因此產生。

在這場爭訟中，公眾為一方，而當事的個人為另一方，但我們從中既看不到必須遵從的法律，也看不到應作出裁決的法官。

這個時候，如果讓普遍意志作出明確的決斷就顯得非常可笑了，因為這樣的決斷只能是某一方的結論，而對於另一方來說只是一種無關的、個別的意志，在這種情況下它只能造成不公正且容易犯錯誤。

這就好像，一種個別意志不能代表普遍意志一樣，普遍意志如果有了某種個別目的，其性質也就發生了改變，它也就不能以普遍的名義對人與事作出裁決。

在此，我們應該認識到：使意志具有普遍性的不是票數，而是贏得這些票數的共同利益。因為在這種制度下，每個人都要服從他強加給別人的條件，這是利益和公義的完美統一，它使那些共同討論具有一種公平特點。然而，在討論任何個別事情時，因為沒有一種將法官的規則和當事方的規則結合併統一起來的共同利益，這種公平性便不復存在。

無論從哪個角度而言，我們都將得出這樣的結論：社會契約在公民之間建立起一種平等，公民受到同樣條件的約束，並且享受同樣的權利。因此，從契約的性質來看，一切主權約定，即一切真正的普遍意志約定都平等地約束或惠及所有公民，以至於主權體只認國家這一實體，而不區分組成國家的任何個人。

那麼，確切地說什麼是主權約定呢？

它不是一種上下級之間的協議，而是實體與其每個成員之間的協議。

它是一種合法的協議，因為它的基礎是社會契約。
它是一種公平的協議，因為它對所有人都一視同仁。
它是一種有用的協議，因為它只以全民的福祉為己任。
它是一種牢固的協議，因為它以公共力量和至高權力為保證。

只要公民服從這樣的協議，那麼，他們就不是在服從任何人，而是在服從他們自己的意志。由此可見，儘管主權權力是一種十分絕對、十分神聖、不可侵犯的權力，但它並不超越、也不能超越普遍協議的界限，任何人都可以充分地支配這些協議所規定給他的財產和自由，以至於主權體永遠無權給某個公民比另一公民多施加負擔，因為那樣的話，就變成個別事件了，就超越了主權體的權限了。

事實上，這些區分一旦被認定，在社會契約中個人會有真正所失的說法就不能成立了；社會契約使得個人境況的確好於從前，人們沒有出讓什麼，只是做了一樁於己有利的交換，用一種不確定、不穩定的境況換來了一種更好、更可靠的境況，用自然的獨立換來了自由，用損害他人的權利換來了自身的安寧，用他們的有可能被別人戰勝的力量換來了社會聯合所帶來的不可戰勝的權利。

總之，兩相比較，我們並沒有失去什麼，反而有所得。

論生死權

當一個人在社會契約中，他的生命不再是大自然的恩賜，而是他從國家那裡收到的一份有條件的禮物。而當國家需要他作出犧牲時，他應該毫不猶豫的作出犧牲。而當一個人因犯罪而被判處死刑，那麼，他就已經不再是國家的公民，而成為了國家的叛亂者、國家的敵人，對敵人宣判死刑則是合法的。

也許有人會問：「既然個人沒有處置自己生命的權利，那麼，個人怎麼可能將一種自己所沒有的權利轉讓給主權者呢？」

這個問題很難回答，之所以難以回答，是因為這個問題的問法不對。任何人都有為了保護自己生命而冒生命危險的權利。難道有這樣一種說法，一個人為了從火災中逃生而從窗戶中跳出來，是犯了自殺的罪嗎？

事實上，社會契約的目標就是保護締結條約者。

一個人要想達到某種目的，必須運用某些手段和進行某些冒險，而有些手段和犧牲是分不開的。

無論是誰，如果想要以別人的生命為代價來保護自己的生命，那麼，在必要的時候他必須可以為別人的生命而獻出自己的生命。

身為公民，沒有人可以對法律要求對他所冒的危險做出決斷，而當君主對他說：「如果你犧牲，那麼就會對整個國家有利！」

那麼，他就應該毫不猶豫地去犧牲，因為正是由於這個條件他才一直生活在安定之中，也因為他的生命不再是大自然的恩賜，而是他從國家那裡收到的一份有條件的禮物。

關於對犯罪者實施死刑，我們可以用同樣的方式來考察。

事實上，正是為了防止自己成為犯罪者的犧牲品，人們才同意如果自己成了一個殺人犯的話，自己就得被實施死刑。

非常清楚，在社會契約中，人們所想的只是要保全自己的生命，而並非為了結束自己的生命。

除此之外，由於任何一個人做了壞事都觸犯了社會法律，那麼，他就由於他的這種行為而成為國家的叛亂者。

也正因為他破壞了國家的法律，那麼，他就不再是國家的一員。實際上，他發動了反對國家的戰爭。

在這種情形下，國家的生存和他的生存就不能相容，其中一方必須毀滅。而且，如果這個叛亂者被判處死刑，那麼，他就是以一個敵人而不是公民的身分被這樣做的。

必須指明，這樣一個敵人是一個真實的人，而不是一個虛構的人。所以，戰爭的權利就使得殺死他是合法的行為。

說到這裡，也許有人會發出這樣的疑問：「給一個犯罪者定罪不就是一種個別的行為嗎？」

事實的確如此，而且由此我們可以得出這樣的結論：這樣的一種職責並不屬於主權者，給罪犯定罪是主權者可以授予但它自己不能親自執行的權利。

毋庸置疑，無論在什麼情況下，頻繁的懲罰都是政府軟弱或無力的代表。

事實上，任何一個人都不會壞到我們在任何事情上都無法使他行善。任何一個人如果他存在於這個世界上，並不會對社會造成危害，那麼，他就不應該被判處死刑。

至於那些對犯罪者加以寬恕或赦免的權利，則僅僅屬於那個超越於法官和法律之上的統一體，也即主權者。

但是，即使這種權利也不是十分明確的，而且它也必須很少被行使。實際上，在一個治理得很好的國家中，處罰是很少的，這不是因為赦免很多，而是因為犯罪的人很少；而在一個腐朽的國家中，大量犯罪的出現則使得犯罪不再受到懲罰。

而頻繁的赦免則意味著犯罪行為不久以後將不再需要赦免。我們每一個人都清楚地知道那將導致什麼？

到此，我將停住我手中的筆，而將這些問題的探討留給那些從不會犯錯因而也就從不需要被赦免的正直的人！

論法律

在本書中，盧梭對法律進行了分類，共分為四類：政治法、民法、刑法、風尚及習俗，雖然探討並不詳細和全面，但盧梭的睿智可窺一斑。

為了賦予公共事物以美好的形式，或者說為了更好地規劃公共秩序，我們就要考慮各種不同的關係。

▼政治法

首先，我們要考慮整個共同體對於其自身所發揮的作用，也就是說全體對全體的比率，或者說主權者對國家的比率。

規定這種比率的法律就叫做政治法。

倘若這種法律是明智的，那麼，我們就可以稱之為根本法。

因為，如果每一個國家就只能有一種規劃秩序的好方法，那麼，人們發現它以後就應該堅持它。

但是，如果已經確立的秩序非常壞，那麼，人們為什麼要採用這種足以妨礙他們美好生活的法律來作為根本法呢？

而且，無論在什麼情況下，人民永遠是可以作主改變自己的法律的，哪怕是最好的法律。因為，人民若是喜歡自己損害自己的話，誰又有權禁止他們這樣做呢？

▼民法

這第二種關係就是成員之間的關係，以及成員對整個共同體的關係。

這一比率，就前者而言應該是盡可能小，而就後者而言又應該是盡可能大，以便使每個公民對於其他一切公民都處於完全獨立的地位，而對於國家則處於極其依附的地位。

這永遠是由一種方法來實現的，因為唯有國家的強力才能使得它的成員自由。

從這第二種比率裡，就產生了民法。

▼刑法

我們可以考慮到個人與法律之間有第三種關係，即不服從與懲罰的關係。

這一關係就形成了刑法的確立。

刑法在根本上與其說是一種特別的法律，還不如說是對其他一切法律的裁定。

風尚、習俗

除了以上三種法律之外，還有另一種，而且是非常重要的。

這種法律既不是銘刻在大理石上，也不是銘刻在銅表上，而是銘刻在公民的心裡。

它形成了國家的真正憲法。

它每天都在獲得新的力量。

當其他的法律衰老或消亡時，它可以復活那些法律或代替那些法律，它可以保持一個民族的創新精神，而且可以不知不覺地以習慣的力量取代權威的力量。

這種法律就是風尚、習俗，尤其是輿論。

在以上這些不同的種類之中，只有構成政府形式的政治法才與我所討論的主題有關。

論立法者

盧梭認為，立法是一項充滿智慧、偉大的事業。他做了一個有趣的比喻：立法者就好像是一個發明了機器的工程師，而國君只不過是一個安裝了機器並使之運轉起來的工匠而已。為了使法律公正，代表全體人民的利益，盧梭指出，立法不應該是掌權者的事情，這一事業應該屬於人民。

尋找最適合國民的社會規則是我們的目標，為此，我們必須擁有一種對人類的全部感情負有義務，而且不受這些感情所左右的智慧。

這樣一種智慧，與人類的天性無關，但其又能夠完全洞察人類的天性。這樣一種智慧，與人類的幸福無關，但其卻非常願意與人類一起關注幸福。

如此看來，或許我們只能夠求助於神明來為人類立法了。

事實上，一個偉大的國君非常少見，而一個偉大的立法者則更加難找。因為，國君只不過是按照立法者所規定的模式來做事情。

打個比方來說，立法者就好像是一個發明了機器的工程師，而國君只不過是一個安裝了機器並使之運轉起來的工匠而已。

在我看來，敢於創建一個國家的制度的人，應該認為自己有把握改變人的本質。

也就是說，一個創制者能夠把一個自然的人轉化為一個更大的共同體的一部分。

在自然狀態下，每一個人雖然本身都是完整的，但卻是孤獨的、無助的。但是，在社會狀態下、在進入共同體之後，這個整體中的每一個人，就可以以一定的方式來獲取自己的生命和自由。他們不但改變了自身的素質，而且使之得到強化和提高。他們從原先自然賦予的生理上的獨立個體，變成了屬於全體一部分的道德個體。

這種人在被賦予新的力量的同時，被剝奪或減弱了其本身的固有的力量。他們所被賦予的力量與他們固有的本性不同，而且沒有其他人的幫助，這種力量就無法運用。

當然，如果其天然的力量被剝奪的愈多，那麼，他們所獲得的來自於共同體的力量也就愈大，而且這種力量也更能維持，且這種新的制度也就更加穩定、更為完美。

可以說，每一個公民如果沒有其他人的幫助，那麼，他就什麼也不是。如果整體獲得的力量等於或大於全體個人的天然力量的總和，那麼，立法就達到了它最可能完美的高度。

在國家中，無論從哪個方面來說，立法者都處於一種特別的地位。

倘若我們說，他這樣做是由於他是一個天才的話，那麼，這同樣也是他的職責所在，他的這一職責既不是來自於行政，也不是來自於主權。

可以說，這一職責締造了共和國，但又不存在於共和國的組織之內。

這一職責是一種不可分割的超然的功能，但與人類的最高統治權沒有任何關係。

如果說，那些對人發號施令的人不應該對法律也發號施令，那麼，那些對法律發號施令的人就更不應該對人也發號施令了，否則，法律將成為他的感情的執行者。

萊格古士就是在退位之後，才開始為國家立法的。

而委託外邦來為自己立法，是許多古希臘城邦都有的習慣，而這樣做的效果也不錯。

我們知道，在古羅馬達到繁榮顛峰的時候，也就是古羅馬暴政的種種罪惡復活的時候，這種復活將繁榮的古羅馬帶到了毀滅的邊緣，而其真正的原因就在於——立法權威與主權權力都掌握在了同樣的人的手中。

但是，十人會議從來不要求這樣的權利。換言之，他們從來不在他們自身權威的基礎上透過任何法律。他們高聲對人民說：「我們所建議的任何事情，只要得不到你們的同意，就絕不能成為法律。古羅馬的人啊！請你們自己制定能夠讓你們幸福的法律吧！」

因此，那些制定法律的人，不應該具有任何可以用來立法的權力，而對廣大人民來說，即使他們自己願意，也不能剝奪他們立法的權利。

事實上，唯有公意才能約束個人，但在現實中根本無法保證那些特殊意志是否能夠符合公意，但是，倘若這個特殊意志是人民的自由投票所透過的，那麼，它就不是特殊意志，而是公意了。

下面我們說一說實際的立法工作。

在實際的立法工作中，人們發現了兩種看起來不相容的東西：

其一，這項事業人類難以企及，而在執行方面其又是一種沒有權威的權威。

其二，智者們如果想用自己的語言來向普通民眾說話，普通民眾就不可能會理解他們。

事實的確如此，有許多觀念是沒有辦法翻譯成通俗的語言的。概括性太強的概念，遠遠超出了個人理解的能力。

而人們所關心的是與自己的特殊利益有關的政府計劃，對於其他政府計劃他們則沒有任何興趣。

此外，人們很難認識到，自己可以從不斷剝奪了他們的自由的法律之中，能夠得到什麼好處。

為了使人們認識到這一良好的法律所帶來的好處，並遵循權力的根本法則，我們必須本末倒置才行。

也就是說，社會精神這一原本應該是制度的產物，現在不得不讓其反過了為其基礎——制度——服務。而且在制定法律的工作完成之前，人們就必須先成為法律將要塑造他們形成的那種樣子。

對於立法者而言，他既不能使用暴力，也不能透過使用推理來讓人們聽從。那麼，他就需要借助於另外一種權威，即求助於上帝的干預。

立法者托之於諸神之口，目的就是要用神的權威來約束那些目光短淺的人。

但是，並不是任何人都可以成為神的代言人，也不是當其自稱是神的代言人時，人們就會毫不置疑地相信。唯有立法者的偉大靈魂，才是足以證明其使命是令人嘆服的事物。

任何人都可以刻石立碑，或收買神的啟示，或訓練一隻小鳥與他耳語一番，甚至因此可以在其身邊聚集一群莽漢，但他不可能因此而建立一個國家。徒勞的伎倆只能是曇花一現，而只有真正的智慧才能使其永恆於世。那些至今仍然存在的猶太法律，那些千百年來一直統治著我們地球上差不多一半世界的伊斯蘭子孫們的法律，直到今天還在顯示著它們那些立法者的智慧。

事實上，當不明是非的人將這些人視為僥倖的江湖騙子時，真正的政治學家則會由衷地發出讚賞——他們這些立法者才是千百年來真正的天才！

論人民

盧梭告訴我們，立法者不只是考慮所制定的法律是否良好，而且要調查這些法律是否適合人民。事實上，盧梭在此探討的遠不止這一些，他還探討了什麼樣的民族才適合接受法律？為什麼很少有體制良好的國家存在？

一位建築師在建築一座大廈之前，要先測量和判斷地基能否承受得起建築物的重量。

立法者也要做同樣的工作，他們不只是考慮所制定的法律是否良好，而且要調查這些法律是否適合人民，因為只有人民才真正有權決定是否接受這些法律。

縱觀歷史，我們可以看到，有許多民族從來就不能忍受良好的法律，而即使是那些能夠忍受良好法律的民族，也只是在其一個極為短暫的時期內才做到遵守法律。

事實上，大多數民族猶如大多數個人一樣，只在其青春期才是順從的，等他們年紀大了，就變得無可救藥了。

一旦風俗得以確立，一旦偏見根深蒂固，如果再想試圖加以革新就是一件危險而徒勞的事情了。

每一個民族都有一個青春期，或者說，都有一個成熟期，在成熟期未到之前，很難使他們服從法律。

但是，一個民族的成熟往往不容易被認識到，而且，如果想過早地考慮這個成熟期的話，那必然是徒勞。

事實上，有些民族歷經千年也不能遵守法律，而有些民族一開始就能受紀律的約束。

這就如同大自然給一個發育正常的人的身高設定了一個界限，如果超過了這個界限他就會成為一個巨人或侏儒。

同樣，與一個國家最合適的體制密切相關，國家的幅員也存在著一個界限，它不能太大，否則便不能很好地治理；它也不能太小，否則它就不能保全自己。

換言之，國家擴張有其理由，而收縮同樣有其道理。如果能夠在擴張和收縮之間找到一種均衡，使之最能有益於國家保全自己，事實上那將是政治智慧中極為重要的方面。

一般而言，擴張的理由是外在的、相對的，而收縮的理由則是內在的、絕對的，所以，擴張的理由比收縮的理由具有較少的強制性。

尋求一種強大而健康的體制是首先要做的一件事，因為，一種源自於良好政府的力量要比廣闊的領土所能提供的豐富資源更加可靠。

我們有兩種方式來衡量一個政治體，即透過它的領土面積以及透過它的人口數量。如果一個國家要達到它的最佳大小，那麼，必須在這兩個衡量尺度之間實現一種平衡。

人構成了國家，而土地養活了人。因此，這兩者間的合理均衡要求有足夠多的土地來養活它的居民，同時居民的數量又要正好等於土地所能供養的人口。

只有在這個比例上，一定數量的人口才能實現它的最大力量。因為，如果領土過多，那麼防禦就會成為負擔，土地的耕種就會不充分而且產出也會過剩，這不久就會引發防禦性的戰爭。反之，如果領土過少，那麼這個國家就要看鄰國的臉色依賴於從他們那裡進口，而這不久將會導致侵略性的戰爭。

事實上，沒有人能夠詳細地指出在土地的面積和居民數之間應該有怎樣一個精確的比例，這不僅是因為不同地方有不同的特點，土地的肥沃程度各不相同，物產性質不同以及氣候影響上有差異。

而且，也是因為居住在不同領土上的居民在氣質上存在著差異，比如一些居住在肥沃的國土上的人消耗很少，而另外一些居住在貧瘠國土上的人卻消耗很多。

再者，我們還必須考慮到女人生育能力的大小，土地各自的特性，以及立法者借助於它的體制希望吸引的外來移民的數量。

由此我們可以得出結論，立法者不應該根據他所見到的，而必須根據他所預見到的來做出決定，他不應該只考慮到現有人口的數量，他更應該考慮到人口自然會達到的數量。

最後，還會有上千種情況，如：

在一些特別的突發情況下，會要求或者允許人民佔有多於必需的土地。

在多山的國家中，那裡的耕地類型主要是森林和牧場，因而需要較少的勞動，經驗證明，這些地方的女人比平原上的女人具有更強的生育能力。

同樣，在多山的國家中，由於在陡峭的山坡上只有很小部分的平地可以用於耕種，所以人們便向外散佈得更廣。

相反，在海邊，人們聚集在很小的區域內，即使那裡是貧瘠不毛的岩石或沙灘。這裡因為漁業能夠更好地抵禦海盜，還因為他們可以透過海外的殖民很容易就擺脫人口過剩的負擔。

一個民族體制的建立還要有其他的條件，有一個條件是其他任何條件都不能代替的，而且如果沒有了這個條件，其他所有的條件都將是無效的。這個條件就是：人民必須享受充分的和平。

因為，一個國家在創立時期，就如同一支軍隊初編的時期一樣，是一個國家最沒有抵抗力、最易於被破壞的時期。

那麼，什麼樣的民族才適合接受法律呢？

我的回答是：

一個雖然發現自己已經由於某種原初的聯合、利益或者約定而聯繫在一起了，但是還未曾承受過法律約束的民族。

一個沒有根深蒂固的傳統或者迷信的民族。

一個不懼怕突然的入侵，並且不會干預四鄰爭端的民族，這個民族能夠勇敢地抵抗周圍的任何一個民族，並且能夠借助一個民族的幫助來抵制另一個民族。

一個其中任何一個成員都被所有的成員所認識，而且不需要對其中的任何一個成員強加其所不能承受的負擔的民族。

一個不需要其他的民族就能生存，而且其他的民族不需要它也能生存的民族。

一個既不太富裕也不太貧窮，但卻有足夠的東西供給自己的民族。

最後，還是一個結合了古老的民族的穩定性和新生民族的可塑性的民族。

事實上，立法者的任務之所以艱難，更多的不在於必須建立什麼，而在於必須破壞什麼。

而使得立法成功如此少見的原因，則在於天然的樸素性和社會產生的需要結合在一起是不太可能見到的。

把上面所有的條件都結合在一起是很困難的，這就是為什麼很少有體制良好的國家存在的原因了。

論立法體系

盧梭指出，「自由」與「平等」是立法的最終目標。而一個國家的體制要想真正得以鞏固和持久，必須學會因地制宜。

如果我們探討以下問題：

立法的最終目標是什麼？

立法給全體人民帶來的最大幸福是什麼？

我們就會發現，立法可以歸結為「自由」與「平等」這兩大目標。

說「自由」，是因為如果個人只是依附於某個團體才能生存，就必然要消弱國家共同體中的部分力量。

說「平等」，是因為沒有它，自由便不復存在。

在這裡需要說明的是，所謂「平等」，不是指財富和權利的絕對相等。

就財富來說，沒有一個公民窮得不得不轉讓自己，也沒有一個公民富得足以購買另一個人。

就權利的行使來說，權利不應該是任何暴力的工具，而只有其職位與法律才能加以行使。

要做到以上各點，就要求小人物必須節制貪婪，而大人物必須節制財富與權勢。

說到這裡，也許有人會說：「這種平等一定是一種虛構，它在實踐中絕對不可能存在。」

但是，如果濫用權力是無法避免的，那麼，難道我們就不應該去糾正它嗎？

其實，就立法來說，其力量就應該傾向於維持平等。

正如我前面所說，為了實現良好制度要達到的普遍目的，各個國家就應該按照當地的形勢以及居民的性格這二者的對比關係而加以修改，根據這種對比關係給每個民族確定一種特殊的制度體系。

就這種制度體系本身來說，它可能不是最好的，但對於推行它的國家來說，則應該是最好的選擇。

例如，如果國土十分貧瘠，那麼，你就應該向工業和工藝方面轉移，你可以用其產品來交換你所缺乏的糧食。

如果國土十分富庶，但你缺少居民，那麼，你就應該專心致志地發展農業，而驅除一切工藝，因為工藝把國家原本就很少的人集中在少數幾個地方，結果造成國家人口的減少。

如果擁有廣闊的海岸，那麼，你就應該去努力經營航運與商業。

總之，除了人們所共同的準則外，每個民族都有其自身的某些原因，使它必須以特殊的方式來規劃自己的社會秩序，並使國家的立法只能適合於自己。

事實上，一個國家的體制要想真正得以鞏固和持久，必須學會因地制宜。

第三章 政府

事實上，要討論民主，就不能不討論有關政府的話題。盧梭在本章中，回答了一系列關於政府的問題，如什麼是政府？政府的作用？政府有幾種類型？一個好政府的代表是什麼？政府是如何創制的？……

論政府

什麼是政府?政府就是在人民和主權者之間建立的一個中間體。政府有什麼作用?政府的作用是使人民和主權者能夠相互適合,政府負責執行法律、維護社會及政治自由。政府的體制是不變的嗎?並不存在一種唯一的、絕對的政府體制,它根據國家的大小不同,可以有同樣多的、性質不同的政府體制。

什麼是政府?

政府就是在人民和主權者之間建立的一個中間體。

政府有什麼作用?

政府的作用是使人民和主權者能夠相互適合,政府負責執行法律、維護社會及政治自由。

我們將這一中間體的成員稱為行政官,換言之,他們是執政者。而代表整個中間體的人,我們稱之為君主。

事實上,人民服從執政者時所根據的行為不僅僅是一種契約,還是人民對執政者的一種委託,也是人民對執政者的一種任用。

這些執政者，僅僅是主權者任用的官吏，是以主權者的名義在行使著主權者所託付給他們的權力。倘若主權者願意，主權者就可以限制、改變或收回這種權力。

在此，我們將這一行政權的合法運用者稱之為政府，而負責這種行政的人稱之為行政官。

在政府之中，我們可以發現這些中間力量——它們的比率就構成了全體對全體的比率，也就是主權者對國家的比率。

我們可以用一個連比例中首尾兩項的比率，來表示主權者對國家的比率，而這個比例中位數就是政府。

政府從主權者那裡接受它向人民所發佈的一切命令。為了使國家能夠處於一個平衡狀態，它必須進行精確計算，使政府施行的行政權力等於主權者所賦予他們的權力。

而且，只要我們變更這三項中的任何一項，就會破壞這個比例。

倘若主權者想要進行統治，或行政官想要制訂法律，或人民拒絕服從，那麼，規則就會被代替，人們的力量和意志就會一致，國家就會解體，社會就會陷入專制政體或無政府狀態之中。

需要說明的是，在每種比率之間只有一個比例中項，所以，一個國家也只能有一個比較好的政府。

但是，由於生活中常常會發生許多變故，而這些變故都可能改變一個民族的這些比率。

因此，不僅各個不同民族可以有不同的比較好的政府，就是同一個民族在不同的時期也可以有不同的比較好的政府。

為了說明可能制約上述首尾兩項之間的各種不同的比率，這裡可以舉人口的數目為例進行說明。

假設一個國家由一萬個人組成，而主權者只能將其視為一個共同體來看待，這個國家中的每一個人則可以視為一個個體。這樣，主權者對臣民的比例就是一萬比一。也就是說，這個國家中的每個成員只有主權權威的萬分之一。

再假設一個國家由十萬個人組成，雖然他們所有人都同等地擔負著全部的法律，但此時他的表決權已縮減至十萬分之一。

也就是說，民眾還是一，但主權者的比率則隨著公民的人數的增大而增大。

由此可見，國家愈大，則民眾的自由就愈小。

從上述關係我們可以看出，個別意志對公意的比率越小，那麼，制裁的力量就應該越加大。

所以，如果要成為一個良好的政府，就應該隨著人民數目的增多而加強。從另一個方面看，既然隨著國家的擴大，人民給予了公共權威的受託者更多的權力，那麼，他們受誘惑的可能性就越大，濫用權力的辦法也就越多。

根據這一變化，越是政府有力量來約束人民，則作為主權者的人民也就越應該有力量來約束政府。

我們從這個雙比率中就可以看出：主權者、君主與人民三者之間的連比例絕不是一種主觀臆造出來的觀念，它是在生活中現實地存在著的，是政治體的本性所帶來的必然的結果。

我們從中還可以看出：首尾兩項中作為民眾的一項，則固定不變地等於

「一」。因此，這個雙比率每一次增大或縮小，則單比例也就照樣地增大或縮小，從而帶動中項也就隨之發生變化。

由此也就可以看出：並不存在一種唯一的、絕對的政府體制，它根據國家的大小不同，可以有同樣多的、性質不同的政府體制。

論政府的類型

簡單來說，政府可以分為三種不同的類型：民主制、貴族制和國君制。但並不是說政府就只有這三種類型。盧梭指出，政府的類型是多種多樣的，而且一個國家並不存在一個絕對的政府體制。

在本節中，我們將探討政府的各種不同的類型。簡單來說，政府可以分為以下三種不同的類型：

▼民主制

主權者可以讓絕大多數人民，甚至是全體人民來執掌政府，從而使做行政官的公民多於個別的公民，這種政府形式被稱之為民主制。

▼貴族制

將政府的權力僅限於少數人，從而使行政官的數目遠少於個別公民的數目，這種政府形式被稱之為貴族制。

▼國君制

把整個政府的權力都集中在唯一的一個行政官手裡，所有其他的人都從他那裡取得權務，這種政府形式被稱之為國君制。

需要說明的是，在以上三種政府的形式中，至少民主制和貴族制是可以變動的，甚至可以變動的幅度還非常的大。

因為，民主制既可以包括全體人民，也可以縮小到人民的半數；而貴族制則可以從人民的半數縮小到極少數的人。

所以說，在這僅有的三種政府的形式下，我們可以看出，政府實際上所能包含的各種不同的形式，其數目正如國家所可能有的公民數目是一樣地多。

除此之外，就同一個政府而言，由於其在某些方面可以再分為若干部分，這些部分一些可以以某種方式施政，而另一些則可以以另外一種方式施政。

於是，三種形式結合在一起便可以產生大量的混合形式，這其中的每一種都可以是由這些簡單的形式派生出來的。

那麼，什麼是最好的政府形式呢？

這個問題無論在哪個時代，人們都曾有過許多爭論，而在這些爭論中，並沒有考慮到它們之中的每一種形式都需要依其特定的情況而產生不同的效果，如一種形式在某種情況之下可能是最好的，但在另一種情況下又可能是最壞的。

如果要遵守在不同的國家裡，最高行政官的人數與公民的數目成反比這個原則而言，那麼，君主政府適宜於大國，貴族政府適宜於中等國家，而民主政府則適宜於小國。

論民主制

盧梭指出，一個國家很難實行真正意義上的民主制，因為人民不可能總是放下手中所有的事情來處理公共事務，而且民主制政府意味著必須擁有許多難以湊齊的先決條件，此外，沒有比民主制政府更容易發生內亂的了。綜上所述，盧梭認為，永遠不會存在真正的民主。

嚴格來說，從來就不存在真正的民主，也永遠不會存在真正的民主。因為，多數人統治，而少數人被統治，是違背自然法則的現象。

我們無法想像，人民不斷地集中起來忙於公共事務。

我們也很容易看出，人民如果為此而設立一些委託機構，那麼，政府的形式也就隨之改變了。

實際上，我認為可以把下面這點作為一個原則：

當政府職能被分配於數個機構時，人數最少的機構遲早會取得最大的權力，哪怕僅僅是為了處理事務更方便，也會自然而然地走到這一步。

而且，這樣的政府意味著必須擁有許多難以湊齊的先決條件：

其一，國家要非常小，人民便於集合，每個公民可以很容易地認識其他公民。

其二，民風要非常淳樸，以免事務繁多、討論棘手。

其三，地位和財富要十分平等，否則權利和權威的平等就不會長久。

其四，奢侈現象要少有或沒有，因為奢侈是財富造成的，或者是對奢侈的追求造成了對財富的追求，奢侈既敗壞富人也敗壞窮人，它促使前者佔有財富，促進後者覬覦財富，它使國家沉湎於萎靡和虛榮之中。

除此之外，沒有比民主制政府更容易發生內亂的了。因為，沒有任何政府如此強烈、如此經常地傾向於改變形式，也沒有任何政府需要如此的警惕和勇氣以維持自己的形式。

在民主制政府中，公民尤其需要力量和毅力，在生活中的每一天都要在內心深處重複著這樣的話：「我寧願要動盪的自由，也不要平靜的奴役。」

倘若人民是由神組成的，那麼，他們可以實行民主制。但非常明顯，這是不可能實現的。

論貴族制

貴族制最早出現在古代，而隨著時間的推移，其又發生了轉變，由自然的，轉變為選舉的，最後又轉變為世襲的。盧梭認為，在這三種形式中，第二種是最好的、嚴格意義上的貴族制。

事實上，古代最初的社會形式就是貴族制。

在古代淳樸的民風下，各家庭的首領們互相探討公共事務，而年輕人則自覺地服從。所以，才會有長老、元老、尊長這樣的稱呼。他們以這種方式治理著自己的領地，而且治理得很好。

然而，當制度所造成的不平等超越了自然的不平等，富裕程度或權威名望就比年齡更為人們所看重。於是，貴族制就從自然產生的變成了選舉的。隨著時間的推移，由於財產和權力由父親傳承給兒子，那麼，便形成了許多世家，隨之政府就成為世襲的。

概括而言，貴族制共有三種形式：自然的、選舉的與世襲的。

第一種，只適於純樸的民族；第二種，是最好的、嚴格意義上的貴族制；第三種，是一切政府之中最壞的一種。

就第二種來說，其優點在於，除了可以區別兩種權力——立法權力、行政權力，還可以選擇自己的成員。

因為，在民主制的政府中，所有的公民就是行政官，而在貴族制的政府中，行政官只侷限於少數人，而他們是在法律規定的程式下選舉出來的。

這些被選舉出來的行政官，他們的正直、經驗、智慧等，恰好是政治修明的基本保證。

在貴族制的形式下，由於參與者較少，更便於集會，也更便於討論事務，所以，實行起來更加快捷、更有秩序。

事實上，只要民眾能夠確定，自己所選舉的行政官具有良好的品質，他們不是為了自己的利益考慮，而是全心全意為了民眾的利益服務，那麼，讓他們來治理民眾就是最好的、最明智的做法。

但必須說明的是，共同體的利益在此會受到消弱。

此外，正如我前面所說，實行貴族制的國家不能太小，民眾也不能太直率、太簡單；同時，這樣一個國家也不能太大，否則很容易導致行政官在各自的轄區內割據主權。

如果相對於民主制的政府來說，貴族制並不需要某些德行，那麼，它更需要本身所持有的德行，如富而有節、和平而知足等。

除此之外，如果在貴族制的形式下，出現了財富的不平等，那麼，也只是為了讓那些最能貢獻出自己全部時間的人來管理公共事務，而並不是為了要使富有者可以常常獲得先機。

論國君制

在國君制中，國家機器的所有控制桿都掌握在同一個人手裡，這個人就是國家的君主或國王。國君制有著民主制和貴族制所沒有的優勢，但其缺陷則更為突出。盧梭告訴我們，國君制存在諸多缺陷，可以說，其是政府的三種形式中最壞的一種。

在本節中，我們要考慮權力掌握在一個自然人手中的情況，也就是說，只有這一個人才能根據法律來行使這個權力，我們將這個人稱為君主或國王。

與其他政府的形式不同，在國君制的政府中，是由一個個人來代表一個集體的人格，因而構成君主的那個道德上的統一體。

此外，在其他政府形式中，法律要花費很大的困難才能使之結合起來的種種可能，在這裡卻很自然地結合在了一起。

所以，君主的意志與人民的意志，政府的個別權力與國家的公共力量，都只向同一個人負責。國家機器的所有控制桿都掌握在同一個人手裡。在這裡根本沒有任何衝突的行為，我們無法想像任何其他體制能透過如此少的努力而達到如此多的效果。

可以說，沒有任何體制的政府能比君主制的政府更有活力，也沒有其他任何體制的政府其個別意志具有如此大的支配性。

毫無疑問，這裡所有的東西都朝向同一個目標，但這個目標並不是公眾的幸福。

在這裡，君主想成為絕對的統治者，而人們在很遠的地方向他大聲疾呼：成為絕對統治者的最好的方式，就是讓自己得到人民的擁戴。

實際上，這是一個非常好的準則，但卻遭到了無情的嘲笑。

因為，君主永遠也不會對此感到滿意，即使是最好的君主也希望——如果他願意就可以做壞事，同時他依然是絕對的統治者。

一個佈道者可以明白地告訴君主：既然人民的力量就是君主的力量，那麼，一個君主最大的利益就是使人民繁榮昌盛、人口眾多、力量強大。

但是，君主卻非常肯定地否決了這一點，他的利益首先在於：人民應該永遠是軟弱的，而且永遠也不會反抗他。

在我看來，倘若人民永遠順從的話，那麼，人民從弱小變得強大也可能符合君主的利益。但是，既然這是次要的利益，而且力量強大與順從又總是不相容，那麼，很自然地君主更喜歡那些對他們來說更加直接有用的原則。

事實上，正如我們前面所說，君主制僅僅適用於大的國家，現在我們又發現了這一點。

行政官的數目越多，行政官與臣民之間的比率就越小。在民主制中，行政官與臣民的比率為一比一。而隨著政府的精簡，行政官與臣民的比率就相應地逐漸增大。當政府掌握在一個人手裡的時候，行政官與臣民的比率就達到了最大值。這個時候，君主君主與臣民之間有著太大的距離，國家也就沒有了聯繫的管道。要使這種管道形成，國家中就必須有包含了王子、王公、貴族的中間等級。

但是，所有這一切對於一個小的國家是不適合的，因為小的國家會因有如此多的等級而毀滅。

然而，如果說治理好一個大的國家很困難的話，那麼，由一個人治理好一個大的國家則更加困難。而且，每個人都知道當一個君主透過代理機構進行統治的時候將會發生什麼。

此外，君主制還存在著一個非常大的缺陷——在君主制下，得到提升的幾乎是那些缺乏頭腦的人、卑鄙的騙子、陰謀家。他們憑藉著一點小聰明，使他們爬到了很高的位置，但一旦他們得到任命，他們的不稱職就馬上暴露了出來。

毫無疑問，這種人員的選擇，人民會比君主犯少得多的錯誤。

事實上，君主制的國家要想治理得好，它的大小和領土範圍應該是與統治者的才能成比例的。

然而，無論這個國家如何的小，對這一國家而言，君主的力量總是不足的。

即使我們退一步來說，倘若國家對於統治者真的小了，那麼，這個國家甚至會治理得更糟，因為這樣一個統治者會為了自己的宏圖而忘記人民的利益。

對這樣一個君主來說，他對自己才能的過分濫用而給人民帶來的不幸，並不比一個普普通通的君主由於才能的缺乏而帶來的不幸更小。

所以說，一個國家每一個不同的朝代，都應該根據君主的能力來擴大或者縮小其領土。

除此之外，君主制政府有一個非常明顯的缺點——缺乏繼承上的連續性。當一個君主去世後，就要選舉出一個新的君主，而選舉會導致一個危險的間斷期。這種間期會充滿狂風暴雨，而且除非在這種政府下的公民能比平常具有更大的無私和正直，否則就會出現賄賂以及腐敗。

那麼，人們曾經做過什麼來防止這種情況產生呢？人們曾經使王位在某些特定的家庭中世襲，並且確定了繼承的次序以防止由於君主的去世而起的爭端。

也就是說，透過用攝政的缺陷來取代選舉的缺陷，表明人們寧願要短暫的和平，而不願要賢明的行政管理；寧願冒險讓小孩、智障者作為統治者，也不願為了選擇一個好的君主而產生爭端。

事實上，人們沒有意識到當他們冒著危險做這種選擇的時候，他們已經使得一切機會都不利於自己了。

這種缺乏連貫性的一個後果就是皇室政府的變化無常，它們有時用這種計劃來指導自己，有時又用另一種計劃來指導自己，而這完全取決於進行統治的國王或者代國王統治的人的個性，因而他們不能長時期地有一個確定的目標，也不能有一個一貫的政策。

這種變化無常總是使政府由一種原則轉到另一種原則，由一個計劃轉到另一個計劃，而這種缺陷在其他形式的政府中是沒有的。

說到這裡，其實我們對於國君制的探討遠沒有結束，但我們應該已經得出了這樣一個結論：國君制存在諸多缺陷，可以說，其是政府的三種形式中最壞的一種。

論混合政府

盧梭認為，從嚴格意義上來說，政府不會以單一的形式存在。所以，就存在著混合形式的政府。那麼，單一的政府形式與混合的政府形式哪一個更好呢？這是許多人長期以來爭論不休的話題，在本節中，盧梭為我們作了詳細地解答。

從嚴格意義上來說，政府不會以單一的形式存在。很明顯，民主也要有一個領袖，而一個單一的統治者也一定會有從屬。所以，在行政權力的分配下，就有一個從大到小的級別，有時大的要依賴小的，有時小的會依賴大的。

有的時候，權力分配是均等的，或者因為有關兩者互助依賴，或每一部門的權力雖獨立但不完善。

需要說明的是，這後一種形式是不好的，因為在政府裡沒有統一，則國家缺乏親和力。

那麼，單一的政府形式與混合的政府形式哪一個更好呢？

就其本身而言，單一的政府形式比較好，因為其簡單。

但是，當統治者和主權者的比例大於人民和統治者的比例，這種失衡的比例必須由政府的分割來彌補。所有部門這樣一來就都對臣民擁有了同樣的權力，但這樣的分割使他們總體上不如主權者強大。

這種失衡的比例還可以由設立中間官員來修正，這種中間官員可以平衡兩個權力並維持兩者的各自權利，從而使政府不被分割。此時的政府不是混合的形式，而是協同的形式。

同樣的方法還可被用來修正相反的失衡比例：當政府太鬆散，可以建立機構來把權力集中。所有民主制都有這一機構。

在第一種情形下，政府被分割使其消弱；在第二種情形下，權力被加強。最大的力量和最大的弱點在單一形式的政府裡同時存在，而混合形式的政府導致比較平均的力量。

論一個好政府的特徵

什麼樣的政府才是最好的政府呢？盧梭指出，如果一切都處於同樣的狀態，那麼，一個不靠外來的幫助，不靠吸收同化外邦的人口，也不靠發展海外殖民地的政府，在它的治理之下，公民人數繁殖和增長得最快，毫無疑問，這樣的政府就是一個最好的政府了。

什麼樣的政府才是最好的政府呢？

事實上，這一問題很難回答，而且這一問題意義不清。

或許，在所有的民族的絕對處境與相對的地位之間，存在多少種結合的可能性，也會存在有多少種可以回答的答案。

但是，如果有人問這樣一個問題：如果說一個既定民族治理得好還是壞，我們應該怎樣判斷呢？

那麼，這就另當別論了。

對於這樣的問題，我們可以透過觀察實際現象的方法來加以解決。然而，直到今天，對於這樣的問題，人們也沒有作出回答。

為什麼呢？

因為，每一個試圖回答問題的人，都試圖按照自己的方式來回答它。臣民們頌揚公共的安寧，而公民們則追求個人的自由；一種人傾向於保障自己的財產，而另一種人則要求保障人身的安全。

有人認為，最好的政府就是那種統治最為嚴厲的政府；而另一些人卻主張，最溫和的政府才是最好的政府。

有人要求，應該嚴厲懲罰犯罪；而另一些人則認為，應該去主動預防犯罪而非事後嚴懲。

有人主張，國家最好是讓四周的鄰邦都感到畏懼；而另一些人則說，還是讓鄰邦忽視自己的存在為好。

有人滿足於，國度之內貨幣充分的流通；而另一些人則要求，一國之內的人民應該有麵包得以維持起碼的生活就可以了。

對於以上這些差異，即使人們在某些方面及其他的類似方面都能達成共識，我們是不是能把這個問題再往前推進一步呢？

正如道德的特性及其標準是無法進行精確測量一樣，人們即使對「什麼是最好的政府」的特徵形成了一致的意見，可是在對這種特徵的估價上也是難以形成一致的意見的。

在我看來，對於如此簡單的最好政府的特徵，目前為止人們還沒有一致的看法，我對此感到十分驚異。

我們還是回到這個根本的問題之上：政治聯合的目的是什麼？

人們會回答：不就是為了政治體成員的自我保存和繁榮嗎？

然而，如果再問：他們成員的生存和繁榮的最確切可靠的特徵又是什麼呢？

那就應該是：他們的具體數量和他們的人口了。

因此，我們不要到其他任何地方去尋找這個爭論不休的特徵了。

如果一切都處於同樣的狀態，那麼，一個不靠外來的幫助，不靠吸收同化外邦的人口，也不靠發展海外殖民地的政府，在它的治理之下，公民人數繁殖和增長得最快，毫無疑問，這樣的政府就是一個最好的政府了。反之，經過它的治理之後，讓人民的數量減少而逐步削弱，那麼，它就必然是一個最壞的政府。

論維護主權權威

在盧梭看來，主權權威應該掌握在人民手裡，而人民集會是其必要的形式，但君主們對這種現實是極其恐懼的，他們總是不擇手段地、費盡心機，以種種反對、種種刁難與種種諾言來力求抗拒公民的集會。盧梭指出，倘若人們貪婪、懦弱、畏縮、喜好安逸更有甚於愛自由的話，他們就不能長期抗拒政府的這種一再努力了。就這樣，反抗的力量不斷地在增長，而主權權威終將消逝。

事實上，主權者除了立法權之外，便沒有任何其他的力量，所以，立法者只能依靠法律而行動。

但是，法律是一種公意的代表，因此，只有當人民集合起來，主權者才能有所行動。

然而，有人會說：「要想將人民集合在一起，這簡直是一種痴心妄想！」或許在今天，這的確是一種妄想。但在兩千多年前，這卻是一個事實。

那麼，是不是人性發生了改變呢？

讓我們根據事實來做一個探討。

我們將追溯一個偉大的國家和一個偉大的城市，即古羅馬共和國和羅馬城。

古羅馬最後一次的人口統計數字表明，羅馬的武裝力量是四十萬，而整個帝國的最後數字是有公民四百萬人以上，而且這還不包括屬民、外邦、婦女、兒童和奴隸在內。

我們可以想像，羅馬城及其周邊數量龐大的人民要時常集會，這該是多麼困難的事情啊！

然而，羅馬人民很少一連幾個星期不參加集會，甚至一星期參加多次集會。羅馬人民不但行使主權，而且還行使一部分政府的權利。他們處理公共事務，甚至參與審判某些案件，可以說，羅馬人民在公共會場上往往扮演著兩個角色——既是公民又是行政官。

倘若我們再追溯到各民族歷史的早期，就會發現大部分的古代政府，也都曾有過類似的會議。

無論如何，這一事實是無法辯駁的，它本身就回答了所有難題。

倘若我們要根據現有的來推論將來的可能，這的確是一種好方法。

當集會的人民一旦批准了某項法律，那麼，國家的體制也就確定了，但這還不夠。

就算他們建立了一個永久性的政府，或一勞永逸地提供了行政官的方法，這也是不夠的。

他們還必須有固定的、絕不能延期或取消的集會，當然，因特殊事務而需要集會的情況除外。

如此，一到了規定的日期，人民便能根據法律合法地召開會議，而不需要以其他任何的形式召集。

但必須說明的是，除了這種合法的集會外，其他任何未經行政官允許的集會，都應該被視為非法，而且這種集會所做出的決定也都應該被認為是無效的。

那麼，集會的次數應該是多少呢？

這取決於多方面因素的考慮，我們無法對此做出明確的規定。但一個政府越是有力量，那麼，主權者就應該經常地表現自己。

到此，也許有人會問：「以上情況，對於僅有一個城市的國家可能很好，但對於包含許多城市的國家又該怎麼辦呢？是將主權分開來，還是將主權集中在一個城市，而使其他城市都成為它的附庸呢？」

我認為，這兩種方法都不可取。

首先，一個國家只有一個主權權威，如果分割它，就不可能不毀滅它。

其次，一個城市就像一個國家一樣，是不可能以合法的形式隸屬於另外一個城市的。

此外，將許多城市結合成一個唯一的城市，這並不是什麼好事。當想要進行這種結合的時候，種種天然的不便是人們所無法避免的。

事實上，絕不能以大國的濫用權力為藉口來反對主張只要小國的人。那麼，當大國進犯小國，小國又該以什麼樣的力量與之抗衡呢？以往的歷史和經驗告訴我們，只要國與國之間結成聯邦或聯盟就可以使小國有足夠的力量來抵禦大國。

但是，如果人們不能將國家縮小到適當的疆界之內的話，還有另一種方法，就是取消首都，把政府輪流地設在每一個城市裡，並在這些城市裡召集全國會議。

這樣，使人口平均地分佈在領土上，使相同的權利普及到各個地方，使到處都享有富足與生命。

唯有這樣，國家才能盡可能地被治理得好，同時又盡可能地使國家強而有力。

當人民合法地集會而成為主權者共同體的那個時刻，政府的一切權限便告終止。政府的行政權也就中斷了，於是即便是身分最渺小的公民與身分最高的高級行政官，其權力一樣都是神聖不可侵犯的。

由於代表人已經出現，因此就不可能再有其他什麼代表了。這個時候，執政官只不過是人民的主席，而元老院則毫無地位可言。但是，如果要君主來承認這樣一個現實，這對他們來說是極其恐怖的事情。

也就是說，這種人民集會，由於它保護政治共同體的一種方式以及是對政府的一種約束，所以，在任何時代裡，它都成為君主們的一種恐懼。於是，他們總是不擇手段地、費盡心機，以種種反對、種種刁難與種種諾言來力求抗拒公民的集會。

倘若人們貪婪、懦弱、畏縮、喜好安逸更有甚於愛自由的話，他們就不能長期抗拒政府的這種一再努力了。

就這樣，反抗的力量不斷地在增長，而主權權威終將消逝。

論代理人

所謂「代理人」，即僱傭別人代表自己去參加公共事務，代表自己的那個人就是代理人。盧梭反對這種做法，他認為代理人是一個非常現代的觀念，來自那個使人類敗壞，使人這個名字蒙羞的封建社會。而在共和制，甚至於古代的君主制下，人民從無代表，這個詞根本不存在。盧梭指出，一旦人民為自己找到代理人，他就不再自由，不再存在。

如果公眾服務不再是公民關心的主要對象，那麼，公民就不會自己親自介入，而是用金錢來代替公眾服務。這樣，國家就會處在危險的邊緣。

如果一旦戰爭爆發需要士兵，公民不是自己出戰，而是出錢僱傭士兵；如果有公共事務需要集會，公民同樣也不是自己參加，而是派代表出席。

公民僱傭代理人的結果是，他們僱傭的士兵會奴化這個國家，而他們僱傭的代理人則會出賣這個國家。

事實上，國家的結構越是良好，在公民的腦海裡，公共事務就會越優先於私人事務。

在治理良好的國家裡，人們會踴躍地參加公民集會；而在治理很差的國家裡，人們一步也不想邁出去，因為他們對集會失去了興趣，只關心自己的事情。

毫無疑問，一旦公民針對國家大事說：「這和我有什麼關係呢？」那麼，這個國家就已經被認為迷失了。

對國家愛的減少、對私利的熱烈追求，國家的幅員遼闊、戰爭征服和政府濫權，這就導致了代理人蔘加公民集會的發明。

正如主權不能放棄，參加集會也不能被人代表。它的關鍵是一般意志，意志是不能被人代表的，它要麼是自己，要麼不是自己，沒有中間的可能。也就是說，人民代表不能、也不可能是人民的代理人，他們只是人民的使節，不能最後定奪一切。

任何法律，不經過人民親自認可都是無效的，它也就不能被稱為法律。事實上，代理人是一個非常現代的觀念，它來自那個使人類敗壞、使人這個名字蒙羞的封建社會。

在共和制，甚至於古代的君主制下，人民從無代表，這個詞根本不存在。當法律和自由就是一切，困難就不算什麼。那些聰明的民族從不讓任何人超出它應有的範疇。

在古希臘，一切人民必須做的事情都由自己來做，他們不斷地在戶外舉行集會。希臘的氣候非常溫暖，他們並不貪婪，自由是他們唯一關心的話題。

那麼，沒有希臘人同樣有利的條件，相同的權利又該如何保持呢？的確，我們生活中的惡劣氣候增加了我們的需求，我們戶外的公共場地一年有六個月不能使用，我們失聲的語言在開擴的空氣中無法為人聽見。我們花了更多的氣力與利潤而不是自由，我們更怕貧困而不是奴役。

那麼，自由難道非要有奴役的支持才能夠維持嗎？

或許吧！兩個極端在此銜接。一切不屬於自然的東西都有其不利，公民社會比其他一切更是如此。如果一個人的自由必須由另一人的自由為代價時，那麼，奴隸極端的服從公民的情形是非常不幸的。

事實上，古斯巴達就是這樣。至於現代人，或許沒有奴隸，但他們自己就是奴隸——他們用自身償付了他們白由的代價。

我這樣說，並不是認為奴隸制是必須的，或蓄奴權是合法的，因我已證明了相反的結論。我只是要說明，為什麼古代人不需要代理人，而自認為更加自由的現代人卻需要代理人。無論如何，一旦人民為自己找到代理人，它就不再自由，不再存在。

論政府的創制

在本節中，盧梭首先指出，政府的創制絕不是一項契約。之後，盧梭詳細論述了政府是如何創制的？

要說政府的創制，首先，我們要弄明白一點：政府的創制絕不是一項契約。

立法權一旦確立，接著便要確立行政權。立法權與行政權是自然分開的、完全不同的兩個概念。

倘若主權者能夠擁有行政權，那麼，實際和法律就會混淆。也就是說，將無法分清什麼是法什麼不是法。毫無疑問，這樣的政體是墮落的，很容易被暴力推翻。

根據社會契約，公民都是平等的，所有人都可以提出大家應該做什麼，但沒有人有權要求別人去做自己不願做的事情。正是這一給予政體生命和行動的權利，主權者在組成政府時將之授予了統治者。

有人認為，構成政府的行為是人民和所選擇的領袖兩者之間形成的契約，規定了一方的責任是命令，而另一方的責任是服從。

在我看來，這樣的觀點是不合理的，是完全站不住腳的。首先，最高權威既不能改變也不能放棄，對它的限制也就是對它的毀滅。說主權者將一個更高的權威放在自己之上，是荒謬而自相矛盾的。其次，非常明顯，這種人民和某些個人間的契約是特殊的行為。由此可見，這種契約不可能是法律或主權者的行為，而只能是非法的。還可以看出，契約各方彼此只是處於自然法則下，相互間沒有任何承諾，這完全違背於公民社會。因為擁有一切權力，它就可以隨心所欲。事實上，國家中只有一個契約：結成社會的公約，它是完全排他的。不能想像還會有其他公約的存在而不破壞原有的約定。

說清楚這一點之後，要探討的問題是：我們應該以什麼方式認可政府組成的行動？

我要指出的是，這一行為是十分複雜的，它由另外兩者構成：法律的建立和法律的執行。

就法律的建立而言，主權者決議應該有一個這樣或那樣形式的統治實體。顯然，這一決議就是法律。

就法律的執行來說，人民任命官員來負責建立起來的政府，這種任命是特殊行為，因而不是第二個法律，只不過是第一個法律的結果，是政府的行為。

困難在於，如何理解在沒有政府存在前就有了政府的行為，以及作為主權者和臣民的人民如何能夠在某些情況下成為統治者和官員。

這裡，我們又一次看到政體的一個驚人的性質，透過這一性質，政體將兩個看似矛盾的運作結合起來。

這種運作由主權突然變為民主制而完成，從而不必預見任何可見的變化，僅僅是一種新的整體對整體的關係，公民成為了官員，把一般行為轉變成特殊行為，把法律付諸實踐。

這種關係的變化並不是純粹的理論，而是有實例可循。它在英國議會中時常發生，下議院有時會把自己變成「議會委員會」以便更好的討論某些事務，於是它停止了其主權者法庭的功能，而成為只是一個調查委員會。然後，它會向作為下議院的自己報告「議會委員會」的決議，在這一名義下重新考慮它用此名義作出的決定。

這是民主制政府特有的優勢：它只要一般意志的單一行為就可得以存在。隨後，如果這種政府形式得到選擇的話，這種臨時政府就可以繼續存在下去，又或者以主權者的名義依法要求建立政府，從而一切都走上軌道。

事實上，要保持我先前所建立的原則，就不可能再有其他建立合法政府的方式了。

第四章 選舉與監察

在本章中，盧梭論述了選舉與監察等內容。對於選舉，盧梭指出，在真正的民主制中，一切都是平等的，抽籤選舉都是可以的。因為無論從道德、才能，還是從準則、財富來看，選誰做首領幾乎都是無所謂的。對於監察，盧梭認為，正如法律是公意的宣告一樣，監察官職權是公共評價的宣告，而設置監察官的職位，對於良好道德風尚的保持是非常有用的。

論公意不可摧毀

盧梭認為，公意是不可摧毀的。因為，公共意志是純粹的、固定不變的。當許多人集合在一起成為一個整體時，只能有一個意志，這個意志就是尋求安定和幸福。

這個時候，國家的行動強而有力，國家的原則明白確切，國家中沒有混亂與利益衝突，國家中的公共幸福隨處可見。

以上這些，只要有一定識別能力的人就能夠輕易察覺。

對於政治陰謀家而言，和平、平等、一致都是他們的敵人。

而對於正直、單純的人來說，正是由於他們的單純，因此他們難以受到欺騙，也正是由於他們的正直，因此各種誘惑和甜言蜜語對他們來講都是毫無用處。

世界上最幸福的民族，常常有一群群的農民坐在樹下討論國事，而且將國事處理得非常明智。然而，另一些民族則崇尚詭計，而且使他們臭名遠颺。對此，我們怎麼能不讚許前者而鄙視後者呢？

像前者那樣治理國家，所需要的法律非常少。當他們需要制定新的法律時，其實早已成為大家的共識。第一個提議的人，只不過是將大家共同的感受說出來而已。當他確信其他人會贊同他時，則大家共同決定的事情將變成法律，而根本不需要結黨營私和耍陰謀詭計。

但是，當社會的聯繫變得鬆懈、國家變得越來越弱、私利變得愈來愈重、少數人的組織操縱大多數人時，公共利益便發生了改變，並且出現了敵對者，人民的意見不再是一致的，公共意志也不再是全體人民的意志。此時，即使是最激烈的爭論，也無法使最好的意見透過。

最後，國家瀕於危亡，社會的結合在人心中已經破裂，最卑鄙的利益亦儼然以「公共幸福」的神聖名義來掩飾，公共意志啞口無言。這個時候，每一個人都受到私心的引導，再也不能站在作為公民的立場上發表意見。

那麼，這個時候公共意志是不是被毀滅了呢？

答案是否定的。因為公共意志是純粹的、固定不變的，此時，不過是屈從於別的勝過它的意志罷了。

任何人將自己的利益從公共利益中分離出來，都能清楚地看見，這兩種利益並不能完全地、徹底地分開。

事實上，他因公共利益受損而受到的損失，比起他追求私利而得到的幸福，是極其渺小而微不足道的。

除此之外，他也同別人一樣，非常強烈地要求這種公共利益，這樣，才真正地對他有利。

即使他為了金錢而出賣投票權，在他的心中也不願真正將公共意志毀滅，只不過是規避它而已。

其實，他所犯的過失在於——改變了對問題的態度——對人們向他提出的問題答非所問。

他的選票不是在說「這是有利於國家的」，而是在說「這是有利於某人或某黨的，所以這項議案應該透過」。

於是，大會中維持公共秩序的規則，反而不在於維持公共意志，而在使問題和回答都以公共意志為依歸。

論投票

盧梭指出，投票是得出公意最好的方法。當人們將公共事務放在第一位，能夠同舟共濟的時候，他們的投票愈能趨於一致；反之，當人民為了自己的利益考慮，意見分歧、激烈爭吵的時候，則預示著個別的利益占了上風，預示著國家的衰敗。

關於投票，在上一節中我們已經稍稍提到，在本節中將作詳細探討。

在大會裡，人們愈能同舟共濟，他們的意見也就愈能趨於一致，那麼，公意也就愈占統治地位。相反，意見的分歧、不斷的爭吵，也就預示著個別的利益占了上風以及國家的衰敗。

事實上，即使是在最動盪的年代，只要元老院不加干涉，人民的投票總是進行的非常平穩，並且總是按多數票來表決。

然而，事情發展到另一個極端，同樣也會出現全體一致——即當公民全都淪於奴役狀態，既不再有自由，也不再有意志的時候——這個時候，恐懼和阿諛奉承將投票變成了一場鬧劇。

從這些不同的考慮裡，便產生了一些準則。我們應該依據這些準則，按辨認公意的難易程度以及國家盛衰的情況，來規定計算票數和排比不同意見的方式。

毫無疑問，唯有一種法律，就其本性而言，必須要有全體一致的同意，那就是社會契約。

因為，政治的結合是世界上最自願的行為。每一個人生來就是自由的，並且是自己的主人，因此，其他任何人無論以任何藉口，都不能在未得到他的認可下就奴役他。

但是，倘若在訂立社會契約的時候出現了反對者，那麼，這些人的反對也並不能使契約無效，因為，那也只不過是不許把這些人包括在契約之內罷了。

除去這一原始的契約之外，投票的大多數是永遠可以約束其他一切人的。這是契約本身的結果。

但是，也許有人會問：「一個人怎麼可能是自由的而又被迫要遵守並不是屬於他自己的那些意志呢？反對者怎麼能夠既是自由的而又要服從為他們所不曾同意的那些法律呢？」

我所要說的是，這一問題的提法本身就是錯誤的。

公民是同意了一切法律的，即使是那些違反他們的意願而透過的法律，甚至是那些他們若敢違犯其中的任何一條都要受到懲罰的法律。

正因為如此，他們才是公民並且是自由的。

當人們在人民大會上提議制定一項法律時，他們向人民所提問的，精確地說，並不是人民究竟是贊成這個提議還是反對這個提議，而在於它是不是符合公意。

每個人在投票時都說出了自己對這個問題的意見，於是從票數的計算裡就可以得出公意的宣告。

因此，與我相反的意見若是占了上風，那並不證明別的，只能證明我錯了，假如我的個別意見居然勝過了公意，那麼，我就是做了另一件並非我原來所想要做的事，而在這時候，我就不是自由的了。

當然，這要假定公意的一切特徵仍然存在於多數之中。假如它在這裡面也不存在的話，那麼，無論你贊成哪一邊，總歸是不再有自由可言的。

至於可以宣告這種意志的投票比例，我也已經給出了測定它所應根據的各種原則。

一票之差可以破壞雙方相等，一票反對也可以破壞全體一致。

然而，介乎全體一致與雙方相等之間的，卻還有許多種數字不等的分配，而對於其中的每一種，我們都可以按照政治體的情況與需要來確定這個數字。

有兩條普遍的準則可供我們規定這一比率：其一，討論愈是重大，則透過的意見也就愈應當接近於全體一致。其二，所涉及的事情愈是需要迅速解決，則所規定的雙方票額之差也就愈應該縮小，在必須馬上做出決定的討論中，只要有一票的多數就夠了。這兩條準則中的前一條似乎更切合於法律，而後一條則似乎更切合於時務。但無論如何，都必須依靠兩者的結合才能確定我們可以宣布其為多數的最好的比率。

論選舉

盧梭指出，在真正的民主制中，一切都是平等的，抽籤選舉都是可以的，因為不論從道德、才能，還是從準則、財富來看，選誰做首領都是無所謂的。但是，在君主制政府中，抽籤和投票都不會發生，因為國君是法定的、唯一的君主和行政官，他的下屬的選擇全由他一人來決定。

事實上，行政官和君主的選舉過程是複雜的約定，我們可以透過兩種方式進行，即推選和抽籤。

這兩種方式在不同的共和國裡都曾使用過，即使在今天，我們仍然可以看到這兩種方式在選舉中非常複雜的結合。

孟德斯鳩曾經說過：「抽籤選舉是民主制的性質使然。」

為什麼這麼說呢？

孟德斯鳩回答說：「抽籤是一種使任何人都不感到苦惱的選舉方式，它給每個公民以一種為國服務的合理希望。」

我贊同孟德斯鳩的說法，但並不確信其理由。

倘若我們注意到首領的選舉是政府的、而非主權的一種職能的話，我們就會理解為什麼抽籤的方式更符合民主制的性質。因為，民主制沒有那麼多的約定，所以行政效果才更好。

在所有真正的民主制國家中，行政官一職是一副重擔，而並非一種好處，倘若強制這個人而並非其他人去擔任這一職務，顯然有失公平。

事實上，唯有法律才能將這一職責授予抽到此簽的人。而在抽籤的時候，所有人的先決條件都是平等的，選擇不取決於任何人的意志。

在我看來，真正的民主制中，一切都是平等的，抽籤選舉倒也沒有什麼不好。不論從道德、才能，還是從準則、財富來看，選誰做首領幾乎是無所謂的。

但是，在前面我已經說過，真正的民主制是根本不存在的。

當推選和抽籤混合使用時，推選所填補的應是那些需要相應才能的職位，如軍事職務，而抽籤適宜於那些只需理性、公正、廉潔就能勝任的職位，如法官的職位，因為在一個架構良好的國家，這些優點是所有公民共有的。

但是，在君主制政府中，抽籤和投票都不會發生。因為，國君是法定的、唯一的君主和行政官，他的下屬的選擇全由他一人來決定。

論獨裁

盧梭認為，為了國家的安全，在某些危急關頭，可以採取「獨裁制」，即在國家的執政官中任命一個獨裁者。但對於獨裁者，只允許讓他有時間來應付國家面臨的緊急情況，但不允許他有時間去圖謀其他的計劃。

在我看來，法律的僵硬性，在某些情況下，會妨礙法律的靈活運用。在危急關頭，這種僵硬性甚至會導致國家的滅亡。

所以，絕不能讓政治僵硬到這種地步，以至於終止了法律的神聖權力。然而，除非到了國家生死存亡的關鍵時刻，否則人們並不值得去冒變更公共秩序的危險。

在這種十分罕見而又危急的情況下，人們便把維護公共安全的責任，透過一種特殊的方式委託給一個最值得信任的人。

按危險的種類，這一委託可以採取兩種方式進行。

倘若是為了挽救當前的危險局面，只需要擴大政府的活動時，就可以把政府的權力集中在它的一、兩個成員身上。於是，這裡所變更的，僅僅是法律行使的形式，而不是法律的權威。

倘若危險已到了使法律的尊嚴竟成為維護法律的一種障礙的地步，這時候，人們就可以指定一個最高首領，讓他來暫時中止法律和主權權威。在這種情況下，很顯然，公意是無可懷疑的。人民首要的願望，是國家不走向滅亡的絕境。應當注意的是，採取這種方式時，這裡指的是中止立法權威而不是消滅。

我們可以追溯歷史，來看一看以上情況。

羅馬元老院採用了第一種方法，為了保障共和國的安全，它以一種莊嚴的儀式把國家權力授予執政官。

而阿爾比努斯在羅馬所採取的行為開了第二種方法的先河，即為了國家的需要，在兩個執政官之中任命一個獨裁者。

當羅馬共和國剛剛建立的時候，他們往往認為管理國家最適合的方式就是獨裁制。因為，那時國家的根基還不穩固，僅僅憑藉憲法的力量就可以使國家得以保全。

這個時候，許多必要的防範措施，在羅馬風尚面前顯得多餘。人們既不用擔心獨裁者會濫用手中的權威，也不用顧慮他會在屆滿之後繼續濫用其權威。

相反，這樣大的權力對於被賦以這種權力的人來說，好像它反而是一種負擔。

所以，在這種獨裁者的心中，彷彿代替法律行事是一件非常痛苦的、非常危險的工作，當然他總是要急於擺脫這種所謂的權力。

於是，這裡的危險就在於貶低權力，而不在於濫用權力。

在這裡我所要指責的是，對於羅馬早期的這種至高無上的行政官制度他們的運用不夠慎重。

因為，人們在選舉、祭祀以及各種純形式的事務上濫用這種制度，這使我們有理由相信，這種制度在緊要的關頭不夠堅強。並且，這種僅僅是用於無謂儀式方面的官銜，人們也會習慣性地覺得它只是個空頭銜。

到了羅馬共和國的末期，已經變得更為慎重的羅馬人，他們對獨裁制的態度又顯得十分保守，其程度正像他們以往對獨裁制的濫用那樣。

其實，他們的戒心沒有足夠的根據。當時首都力量的薄弱狀況，在那些內部的行政官面前，卻成了安全的保障。

一個獨裁者可以在某種情況下擔負起保衛公共自由的重任，但永遠不能取消公共自由。

羅馬的軍隊裡鑄成了羅馬的枷鎖，而羅馬本身並不能鑄成它。蓋烏斯對龐貝、蘇拉、凱薩，都沒有進行什麼抵抗。以內部的權威去抵抗外來的武力，可能會有什麼樣的結果，這就可想而知了。

羅馬人於是就犯了重大的錯誤。例如喀提林那事件就是這樣的一種錯誤：並未任命一個獨裁者。因為這個事件僅僅是羅馬城內的問題，最多也只是義大利某幾個省區的問題。一個獨裁者擁有法律所賦予的無限權威，運用這種權威是很容易消除種種違法陰謀的。但那次陰謀的被阻止，只是由於種種偶然的幸運巧合。

元老院沒有這樣做，而是盲目地把它的全部權力都交給執政官，於是就發生了這種情況：西塞羅為行動的有效性不得不在關鍵點上踰越了自己的權限。當人們看到初始階段的良好效果而高興時，竟贊同了他的行為，後來人們在公民違反法律的流血事件上，又要他對此負責。應該說，人們的態度是公正的。如果是對於一個獨裁者，人們就不便於對他進行這種遣責了。

然而，這位執政官卻很有辨才，所以迷惑了大家。他雖然是個羅馬人，可是比起他愛自己的祖國來，他更愛自己的光榮。他追求的最合法而又最妥當的辦法，與其說是為了保衛國家，倒不如說是要使自己享有這一事件的全部榮譽。

於是，他被當作羅馬的解放者受到尊敬，又被當作法律的破壞者受到懲罰。這兩者對他來說，都是很公正的。對他判決的撤銷無論是多麼光彩體面，但那只能是一種對他的恩賜。

除此之外，執政官這一重要的委任無論是以什麼方式來授予的，但最重要的是其期限絕對不能延長，必須把它確定在一個很短的期限之內。在需要建立獨裁制的危急關頭，國家不是很快地毀滅就是得到保全。當緊急時刻過去以後，獨裁制要麼蛻變為暴君制，要麼徒有虛名。在羅馬，規定獨裁者的任期只有六個月，他們大部分都是在期滿之前就退任了。

任期即使規定得更長，也許他們還會企圖再加以延長，就像十人會議對於任期一年所做過的事情那樣。

對於獨裁者，只允許讓他有時間來應付國家面臨的緊急情況，但不允許他有時間去圖謀其他的計劃。

論監察

盧梭指出，正如法律是公意的宣告一樣，監察官職權是公共評價的宣告。而設置監察官的職位，對於良好道德風尚的保持是非常有用的，但對於敗壞了的道德風尚進行重建，卻是絲毫沒有什麼用處的。此外，應該在法律具有旺盛生命力的時候就設置監察官。

說「監察」，我們就必須說「監察官」。

正如法律是公意的宣告一樣，監察官職權是公共評價的宣告。當然，監察官制度並不是普遍地適用，而是僅僅適用於某些特殊的情況。而監察官的特別法庭，也不是人民意見的仲裁者，而只是用來宣布人民的意見。

因為，只要監察官的特別法庭與人民的意見相左，那麼，它就是無效的。如果從一個民族所崇尚的對象中，將他們的道德風尚區分開來，那是沒有任何意義的。

因為，一個民族的道德風尚與他們所尊崇的對象都是植根於同一個原則，所以他們是密不可分的。

事實上，沒有任何一個民族，在選擇什麼是他們快樂的時候，依據的是天性，而不是公共的意見。

所以，只要改變人們的意見，他們的風尚自然就會得到蕩滌而日趨純樸。這也是由於，人們總是喜歡美好的事物，或者說，人們總是喜歡他們所發現的美好的事物。

但是，人們在判斷什麼才是美好的事物的時候，卻往往會犯錯誤。因此，我們必須要對這種判斷進行規範。

我們知道，所謂判斷道德風尚的好壞，指的就是判斷什麼是榮譽，而要判斷什麼是榮譽，就必須從公共意見中找到其規律。

一個民族的各種意見，都來自於這一民族的政治體制或憲法。雖然法律並不能規範道德風尚，但正是因為立法，道德風尚才得以誕生。

事實上，當立法工作薄弱的時候，道德風尚也就開始退化。在這種情況下，監察官的判斷及其職能也就失去了法律力量應有的作用。

所以，我們可以說，設置監察官的職位，對於良好道德風尚的保持是非常有用的。但是，對於敗壞了的道德風尚進行重建，卻是絲毫沒有什麼用處的。

因此，應該在法律具有旺盛生命力的時候就設置監察官，而法律一旦喪失了活力，一切希望就都不存在了。只要法律失去了應有的力量，那麼，一切合法的力量也就都難以保持了，道德風尚怎麼會不遭到敗壞呢？

監察官職位的設置及其功能的發揮，之所以能夠維護社會的道德風尚，就在於他能阻止公共意見的敗壞，在於他能以明智的措施來保持民風的誠實與正直，甚至有時候在於當社會的道德風尚還沒有定型的時候監察官就把它們固定下來。

此外，由於公共意見是不會屈服於任何限制的，所以，在已經建立的能代表公共意見的法庭之中，找不到絲毫強制力的蹤影。

事實是這樣的，在斯巴達的議會裡，曾經有一個道德敗壞的人提出了一條好的建議，而當時的監察官委員們卻忽略了它，後來導致另一個品德高尚的公民提出了同樣的建議。

在我們看來，這對一個公民來說是多麼的榮耀，而對另一個是多麼的恥辱啊！

然而，事實上，這並不是對他們任何一個人讚揚和譴責，他們的道德風尚已經決定了他們的榮耀，而沒有途徑加以改變。

來自薩摩島的幾個醉漢玷汙了監察官委員的特別法庭，於是第二天，一項公共的敕令就允許薩摩人可以無恥下流。

大家可以看到，這樣一種不是懲罰的懲罰，比真正的懲罰要來得更為嚴厲些。

在斯巴達宣布了什麼是正直的、什麼不是正直的標準之後，在整個古希臘，也沒有任何人去請教他們到底該做怎樣的判斷。

論公民宗教

宗教是任何國家能夠形成的基礎條件。宗教的信仰是依附於相關國家的法律，人民只有透過征服才能改變宗教，所以荷史詩，是神為了人而戰，因為他們要讓被征服的人民信仰他們的神祇和法律，由此可見，公民宗教是統治者首先要考慮的問題。

人類是從神祇和神權制度過渡到國王和政府的，其中經歷了漫長的觀念和情感的轉變，最終才能夠接受自己國家的統治者，並期望從中獲得益處。兩個互異的民族，不可能長期貢奉同一個主人，由此，民族的劃分產生了多神制，於是有了神權和公民的不寬容。

正是因為每個國家都沒有把神祇和法律區分開來，所以在異教徒時代沒有宗教戰爭，這同時也說明了政治戰爭也是神祇們的宗教戰爭。任何國家的宗教都依附於相關國家的法律，只有透過傳教士才能征服改變一個國家宗教的信仰。

征服另一個國家首先要征服其宗教。例如荷馬史詩就是典型的神為人而戰。如果戰勝國允許其戰敗國保留其神祇，那只有一個原因：他們認為這些神是自己神祇的從屬。

羅馬宗教的神祇，由於帝國主義的擴張侵略把他們的信仰普及到各地，並時時吸取當地的神祇，久而久之，就形成單一的宗教。

精神王國的耶穌試圖把神權體制和政治體制相分離，由此破壞了國家的統一引起了內部分裂使其一直處於動盪不安的環境中，並且遭到反叛族的迫害。

基督教原本是無形的精神統治，但是很變就轉變為最為殘暴的專制政府。統治者和國家公民法律兩者之間總會造成司法衝突，這就致使其中的人民無法識別他是有義務遵守公民的法律或是教士的權威。

基督教精神徹底的征服了歐洲及附近地區的人民，成為宗教的主導。宗教總是與政治體制緊密地捆邦在一起，保持其完整性。

霍布斯是所有基督徒作家中唯一認清專制制度的罪惡並及時提出改善措施的哲學家，他設想把一切帶回到政治統一中，否則認為任何國家和政府都不能結構完善。同時也認清了教徒們的利益總是強於國家利益，這些正確觀點觸及了某些政治團體的利益而招人憎惡。

宗教社會可以把人分為兩種形態，第一種是神聖的自然法律，純粹發於內心地對聖神的虔誠；第二種是正式的宗教建立於特定的國家，擁有自己的保護神祇。

除此兩種之外，還包括第三種家教形式，即祭司的宗教，把人們放置於兩種法律互為矛盾的責任中，由此產生了混亂地法律體系，使人們無法認清公民和信徒地區別。

三種宗教形式各有其利弊，第三種明顯地是毫無價值的系統；第二種的優點是把對神的崇拜和法的熱愛統一為一體；但是，這種宗教的弊端是，使人民輕信錯誤和虛構，並非常崇拜儀式過場，最為重要的一點是使民眾排外和暴虐，並認為是神聖的行為，這對於國家安全是非常有害的。

除了社會宗教之外，還存在一種人的宗教，這是神聖而精誠的宗教，它認為人類大眾來自於同一個上帝的孩子，彼此之間是平等的。但是這種思想並沒有把宗教、法律、社會三者關系統一為一體，而是引導民心淡默，缺少凝聚在國家政權的效力。

有人認為基督徒人民會形成最完美的社會。因為它是一種完全精神上的宗教，它關心的是天堂的事情，而沒有國界之分。

如果我們設想一個社會要想保持和平及和諧，那麼最好的辦法就是全社會都成為平等相同的基督徒。倘若有一個人內心不純潔，在不久的將來很可能會被驅逐，因為基督徒不允許隊伍中存在邪惡的人。

基督教徒不會願意擾亂公共和平、使用暴力和發生流血事件，因為它們是溫順的教徒，最為關鍵重要的是「聽天由命」是他們心目中靈魂的支撐者。

因為基督教徒的精神是服從和依賴，所以真正的教徒是依服於暴君的奴隸，而沒有半點反抗精神，他們似乎對此並不看重。

十字軍的活力，並不是真正的軍隊，充其量算是教堂的公民或是教士們的士兵，這正是因為基督教中不存在任何戰爭，因此他們沒有民族宗教之分。

社會契約在權利角度上，只有臣民的觀點服從、符合社會統治者的意圖時，他們才在觀念上對主權者負責。對於國家而言讓每個公民都熱愛並對自己國家的宗教都負責，是相當重要的。

公民信仰的主要內容是由主權者決定創造的，它並非是準確無誤的法律，而是易於接近人民群眾的社交情感紐帶。

在我看來，公民的不寬容與宗教的不寬容是有區別的，同時又是相互聯繫的。無論在何時，當宗教的不寬容被人們所接受時，其結果就是主權者成為奴役，教徒們成為真正的國王。

任何違背公民責任的教義，一旦被人們所容納，那麼，可以肯定地認為這個國家就是教堂而統治者就是宗教。因為這種教條只有在神權政府下才具有生命力，否則，在任何其他政府統治下都是致命的軟脅。

第五章 人類的不平等

盧梭認為，人類的不平等有其三個發展階段：富人哄騙窮人訂立社會契約，它們保護富人欺壓窮人，這是不平等發展的第一階段；訂立了契約就需要有保障其實施的強力機構，權力的設立是不平等發展的第二階段，它確立強者和弱者的區別；暴君政治的出現是不平等發展的第三階段和頂點，它確立主人和奴隸的區別。

人類的兩種不平等

盧梭認為，人類存在著兩種不平等：自然或生理上的不平等，這種不平等是由自然造成的，包括年齡、心理、體力、健康狀況等因素的差別；倫理或政治上的不平等，這種不平等取決於一種契約，這種契約是由人們同意確立的，且往往有損於他人的各種特權，而由某些人專門享有。

在我看來，人類存在著兩種不平等：

其一，自然或生理上的不平等。

這種不平等是由自然造成的，包括年齡、心理、體力、健康狀況等因素的差別。

其二，倫理或政治上的不平等。

這種不平等取決於一種契約，這種契約是由人們同意確立的，且往往有損於他人的各種特權，而由某些人專門享有。

需要說明的是，我並不準備在此探討什麼是自然的不平等的起源，我也不準備說明這兩種不平等之間的人是不是就一定比受支配的人更傑出，我更不準備指出這兩種不平等之間的人是不是體力、智慧、道德、才能總是與他們的財富、權力相一致。

在此，我所要談論的內容是：在事物的發展過程中，什麼時候權利代替了暴力，什麼時候自然服從了法律，並解釋由於什麼樣的一系列奇蹟，使強者決心幫助弱者，使人民決心以真正的幸福換取想像中的安寧。

研究過社會基礎的哲學家們，都認為有必要追溯到自然狀態，但他們沒有一個人真正做到了這一點。

他們之中的一些人，不假思索地認為，自然狀態中的人具有正義與非正義的觀念，但他們從來不試圖去證明這一點，也不試圖去證明這一觀點對人類是否有益。

他們之中的另一些人，則指出人類擁有保護屬於自己財產的自然權利，但他們並沒有去解釋這個「屬於」的含義。

他們之中還有一些人，一開始就給予強者統治弱者的權力，然後立即由此推演出政府的產生，卻沒有考慮到「權力」與「政府」這兩個詞的意義需要多長時間才能夠在人類中建立起來。

最後，所有這三種人都喋喋不休地談論需要、壓迫、貪婪以及自尊。事實上，他們把在社會中獲得的一些概念搬到了自然狀態之中，因此，他們在論述野蠻人的時候，描述的卻是社會中的人。

在大多數人的腦海裡，從未懷疑過自然狀態的存在。但是，從《聖經》中，我們可以很明顯地看見，人類的始祖亞當在從上帝那裡得到智慧和訓誡的時候，他就已經不在這個自然狀態之中了。

因此，讓我們將這所有的事實放在一邊，因為它們與我們所要討論的問題毫不相關。

我們不應該將我們在這一問題上所做的探索當成歷史真相，而只能將其作為假設和有條件的推理，它適用於闡明事物的本質，而不適用於論證其真正的起因。

事實上，宗教要我們相信，上帝在創造這個世界以後，立即使人類擺脫了自然，人與人之間的不平等，乃是上帝的意願。

然而，宗教沒有禁止我們只根據人類及其周圍存在的事物的性質來進行推測，倘若讓人類自我演變，人會變成什麼樣子？其實，這正是我要解答的問題。

因為，這個問題涉及到一般的人，所以，我要盡可能採用適合於所有民族的語言，來詳細探討這一問題。

人啊！不論你來自什麼地方，也不論你的意見怎樣，請你仔細聽著，以下就是你的歷史，它不是你的同類中那些愛撒謊的人書中所寫的歷史，而是非常正直、真誠的大自然的歷史。

我所要談及的時代非常久遠，從你曾經的那個模樣看，你的變化是多麼地大啊！我將根據你所獲得的品質，根據你所受教育和習慣所削弱但又沒有完全消失的品質，來描述你這一類人的生活。

我認為，存在著這樣一個時代，在這個時代裡，個人會願意停留在那裡，你也會願意你的同類停留下來。你對你的現狀非常不滿，因為，某些因素預示著你的後裔的不幸，你或許願意倒退回去。

事實上，你的這種意志，必定是對你的祖先的頌揚，是對你同時代的人的批評，並且將使生於你之後的不幸的人感到恐懼。

從自然狀態來考察人

在本節中，盧梭從自然狀態來考察人。盧梭指出，在自然狀態下，野蠻人是孤獨的、無所事事的、且經常瀕於危險。可以說，他們保存自己幾乎是他們唯一的注意事項，因此，他們最有訓練的能力就是那些以防守和攻擊為主要目的的能力。相反，那些僅由逸樂和肉慾而獲得進步的器官，則應停留在粗糙的狀態。因此，野蠻人的感覺官能在這方面分開了，他們的觸覺和味覺極其粗糙，他們的視覺、聽覺和嗅覺則非常精細銳敏。

這裡，我將從自然狀態來考察人。

概括而言，倘若我們從自然狀態中來對人類進行考察的話，那麼，我們就可以看到：人類比其他許多動物都更為弱小，人類也不如其他許多動物那樣敏捷，但從整體上來說，人類則是一切動物中構造最完善的。

當森林沒有受到任何砍伐、從而覆蓋著天然肥沃的土地的時候，這樣的土地到處都是各種動物的避難所和提供食物的廚房。

人類則分散在各種各樣的動物裡，觀察與模仿各種動物的才能，這樣，人類便具有了動物的本能。我不禁要讚歎人類的智慧，其他動物只有其專有的才能，而人類則將許多動物的才能據為己有；其他動物只喜歡自己所鍾愛的食物，而人類則從其他動物那裡學會享用各種不同的食物。所以，人類獲得食物比其他任何一種動物都更為容易。

人們由於從小時候起就習慣於季節的嚴寒和酷暑，從而使他們養成了吃苦耐勞的習慣；人們由於對抗猛獸而不得不迅速奔跑或赤手空拳與之搏鬥以保護自己的生命或食物，從而使他們擁有了強壯的體魄和矯健的身姿。

而小孩子一出生就具有了父母的這種優良體質，並在後天不斷地透過練習來鞏固自己的體質，如此，他們就獲得了人類可能獲得的一切精力。

實際上，身體是野蠻人所知道的唯一的工具，他們將自己的身體用作各種不同的用途。但今天我們的身體，卻由於缺乏鍛鍊，更因為我們有發明的才能，因此，我們的身體就不能擁有野蠻人的身體的一些用途了。

試想，如果一個人有了一把斧頭，那麼，他還能用手腕去折斷粗大的樹枝嗎？如果一個人有了一個投石器，那麼，他還能準確有力地用手擲出石頭嗎？如果一個人有了一把梯子，那麼，他還能迅捷地爬到樹上去嗎？如果一個人有了一匹馬，那麼，他還能快速地奔跑嗎？

毫無疑問，如果給一個文明人足夠的時間，讓他用來收集他周圍所有的器械，那麼，他便會很容易就能夠戰勝一個野蠻人。

由此可以看出，能夠隨時使用自己一切力量的優勢是怎樣的，而對各種意外事件的時刻準備的優勢又是怎樣的？

霍布斯非常肯定地說：「人類天生就是大膽的，並且只想著攻擊和交戰。」

但另一位著名的哲學家則持反對意見，他認為沒有比自然狀態中的人更膽小的了，即使是周圍極低的聲音或極小的動作，也能使他們全身顫慄，並隨時準備逃走。

事實上，自然狀態中的人對於那些他們還未認識的事物來說，可能會出現上述情況。對此，我毫不懷疑。當他們不能分辨出眼前的事物對他們的身體是否有害時，當他們不能將自己的力量與他們應冒的危險進行比較時，他們會產生恐懼。但以上情況在自然狀態中是罕見的，因為，在自然狀態中，所有事物都按那麼單調的方式進行著。

但是，因為野蠻人分散地生活在各種動物中，而且他們從一開始就處在與各種動物的角力中，所以，野蠻人很快就將自己與各種動物做了比較。當野蠻人意識到，他們的機巧遠勝於動物，大大超過動物的力量遠勝於他們的時候，他們就已經不再像從前那樣畏懼動物了。

倘若一隻狼與一個手拿石頭或棍棒的野蠻人進行搏鬥，那麼，你可以很清楚地看到，危險對雙方來說是同時存在的。經過多次搏鬥以後，狼將不太願意再去攻擊這個野蠻人，因為，狼已經感覺到野蠻人的威猛。

除了機巧之外，人類還存在著各種各樣的優點。如奔跑方面，人類同動物一樣快捷，而且人類可以在各種樹上找到可靠的避難所，如此，當他們與兇猛的野獸遭遇時，他們就可以躲到這種避難所之中。

毫無疑問，這也就是野蠻人為什麼不懼怕在森林中遭遇猛獸的理由。在自然狀態中，人類還有另一些可怕的敵人，即幼年、老年和各種疾病。幼年、老年這兩個弱點為所有動物所共有，而疾病這一弱點屬於自然狀態下和社會狀態下的人類所共有。

▼幼年

關於幼年，在自然狀態下，往往是母親餵養幼子，這是一件艱難的事情。因為，母親必須不停地奔波勞累，以便找到食物，但同時還要餵養其幼子。事實上，如果母親不幸死去，那麼，她的幼子也有隨時死去的危險，這種危險對於所有動物是共同的。因為，在很長的時間內，幼子是不能自行尋找食物的。

▼老年

關於老年，老年人的動作少、消耗少、需要的食物也相應地減少。同時，老年人獲取食物的能力也降低了。此外，由於他們所過的野蠻生活，使他們無法避免地患上了風濕病和關節炎，而且衰老是一切痛苦中人類最無法挽回的痛苦，所以，他們最終將在衰老中死去。

▼疾病

關於疾病，自然狀態中的人幾乎沒有病痛的源泉，他們不需要藥劑，也不需要醫生。事實上，在這一方面，人類與其他動物是相等的。我從狩獵者那裡瞭解到，他們在狩獵的過程中曾遇到許多受過嚴重創傷的動物，而它們的創傷已經結好了疤；有的動物四肢或身上的骨頭曾經已經折斷了，但也痊癒了。這不是由於醫生的治療，也不是由於任何護理，而是由於時間的推移，是由於它們平常的生活所致。總之，在社會狀態下，無論藥物的適當使用是多麼地有效，但人們可以確信，在自然狀態下的野蠻人一旦患病，他們也就只能順其自然而別無他法。此外，除了病痛之外，野蠻人又是毫無畏懼的。

必須指出的是，我們千萬不能將自然狀態中的野蠻人與社會狀態中的人相混淆。

事實上，自然對其保護下的一切動物都有一種偏愛。比如，馬、牛、貓等動物，它們在森林之中都比在家裡有更大的優勢，如有更大身軀、有更強壯的體質，也有更大的力氣、體力和勇氣。當上述這些動物變成家畜的時候，它們也就失去了它們在自然之中的一半的優點。可以說，人類對這些動物很好地飼養，反而使它們退化了。

以上這一觀點，如果用在人類身上，我們便可以說：人類從自然狀態變為生活於社會中的人或奴隸的時候，他們就變得膽小、自卑和懦弱了，他們溫柔軟弱的生活方式使他們的體力和勇氣都退化了。這不是一種假設，而是一種非常明顯的事實。

此外，野蠻人與文明人之間的區別，比野外動物與家畜之間的區別，應該要大得多。因為，人所沉湎的各種安逸，一定比他所馴養的動物要多得多。所以，這些安逸就是使自然中的人類更加顯著變壞的特殊原因。

所以，住所的缺乏、裸體的狀態以及少得可憐的各種生活必須品，對於那些自然狀態中的人類而言，並沒有多大的妨害。

倘若他們沒有長毛的皮膚，那是由於他們不需要它，因為他們生活在溫暖的地方；倘若他們生活在寒冷的地方，那麼，他們就會將他們所征服的野獸的皮毛據為已有。

如果他們只有兩條腿奔跑，那麼，他們就有兩隻手供給自己所需，以及很好地自衛。他們的孩子需要很久才會走路，但他們的母親會更容易攜帶他們，因為他們的母親可以用騰出的雙手抱著他們。

實際上，第一個為自己製作衣服和住所的人，只不過是為自己創造了一些不必要的東西，因為，那個時候，他們並不是必須使用這些東西，而且在這之前、在沒有這些東西之前，他一樣按照自己的生活方式生活著。

在自然狀態下的野蠻人是孤獨的、無所事事的、且經常瀕於危險，可以說，他們保存自己幾乎是他們唯一的注意事項，因此，他們最有訓練的能力就是那些以防守和攻擊為主要目的的能力。

相反，那些僅由逸樂和肉慾而獲得進步的器官，則應停留在粗糙的狀態。因此，野蠻人的感覺官能在這方面分開了，他們的觸覺和味覺極其粗糙，他們的視覺、聽覺和嗅覺則非常精細銳敏。

從形而上學來考察人

在盧梭看來，任何動物只不過是一架精巧的機器，大自然賦予它意識，讓它能為自己上發條，並且在一定程度上保全自己，避免遭到敵人的破壞或擾亂。而人和動物一樣，也是一架精巧的機器，但人與其他動物有一點不同——在野獸的活動中，自然是唯一的原動力，而人類則是以自由施動者的身分參與他自己的活動——野獸是由本能去選擇和拒絕的，而人類則由自由的行為去選擇和拒絕。

在上一節，我從自然狀態或生理上考察了人，在此，我將從形而上學來考察人。

在我看來，任何動物只不過是一架精巧的機器，大自然賦予它意識，讓它能為自己上發條，並且在一定程度上保全自己，避免遭到敵人的破壞或擾亂。

我認為，人和動物一樣，也是一架精巧的機器，但人與其他動物有一點不同——在野獸的活動中，自然是唯一的原動力，而人類則是以自由施動者的身分參與他自己的活動——野獸是由本能去選擇和拒絕的，而人類則由自由的行為去選擇和拒絕。

因此，野獸不能違背自然為其制定的規則，即使這樣做對其有好處，而人則常常違背這些規則，結果使自己招致傷害。

比如，一隻饑餓的鴿子會餓死在一個裝滿佳餚的盤子旁，而一隻饑餓的貓則會餓死在水果堆上，其實假如它們能夠嘗一嘗這些它們平時從來不吃的食物，它們很可能會活得很好，但它們根本沒想到去嘗試。

然而，荒淫的人卻耽於縱慾，以致引起熱病和死亡，因為精神使感覺敗壞，當生理的欲望得到滿足後，意志卻仍然提出要求。

既然動物有感覺，那麼，它們也會有觀念，它們甚至能在某種程度上將觀念組織起來。對此，人類與動物是相同的，唯一的區別只是程度的不同而已。

在我們身邊，有些哲學家甚至主張，人與人之間的區別較人與野獸之間的區別更大一些。

所以，構成人類與獸類之間的特殊區別，與其說是悟性，不如說是人的這種施動者的身分。

大自然支配一切動物，獸類服從這種支配，人類同樣也感受到大自然的影響，但人類認為自己可以自由地服從或抗拒，而正是這種自由的意識顯現出人類的靈魂與靈性。

雖然那些圍繞著關於人類與動物的區別問題，仍然保留有爭論的餘地。但是，還有一種非常特殊的性質可以區分它們：即人類自我完善的能力。這種能力可借助於各種環境逐漸開發人的其他一切能力，而且這種能力既存在於個體身上，也存在於全人類。

單就野獸而言，它一生也改變不了其出生幾個月後就長成的那個模樣，而且它的種類經過數千年的演化仍然保持著起初的那個模樣。

但是，為什麼人類容易頹廢呢？是不是人類因此就返回到他的原始狀態呢？是不是獸類由於什麼也沒有獲得，也就無所謂失去，所以始終保持著本能，而人則由於年邁或其他原因，喪失了完善能力使他獲得的一切，從而跌落到比獸類還要差的狀態呢？

極其可悲的是，我們必須承認，正是由於人類的這種特殊的能力，人類才有了這樣的不幸。也就是說，人類的這種特殊而幾乎無限的能力，成了人類一切不幸的源泉。

可以說，正是由於這種能力，隨著時間的推移，漸漸使人類脫離了原本安寧、淳樸的原始狀態；正是由於這種能力，千百年來啟迪了人類的智慧，也導致了人類的謬誤，萌生出人類的善與惡，最終使人類成為他自己和大自然的暴君。

在大自然中，野蠻人只受本能的支配。或者更準確地說，自然賦予野蠻人某些器官以能力，用來補償其本能上可能缺乏的東西。事實上，這些能力起初能夠彌補缺陷，但不久，它就大大超過了本能，將自己凌駕於本能之上。

所以，野蠻人的活動都是先從純動物性的官能開始的。看視和觸摸必定是其最初的活動狀態，在這一點上，人類和所有動物都是一樣的。願意和不願意、希求和害怕可能是人類最早的幾乎也是唯一的精神活動，直到新的情況引起新的能力開發為止。

無論道德家們如何主張人類的悟性大大依賴於其感情，但大多數人卻認為，感情也大大依賴於悟性。

事實上，我們的理性之所以得到完善，正是由於感情的活動；而我們之所以要求知，正是由於我們希望享受……

感情本身是從我們的需要中產生出來的，感情的發展正是來自於我們的認識。因為，我們只有在觀念上有了這些事物，我們才能希望或恐懼這些事物。

然而，野蠻人由於缺乏種種智慧，僅僅具有這種最後的感情。他們的希望僅僅來自於其生理上的需求——他們意識中的唯一的幸福就是食物、異性和休息，而他們意識中的唯一的恐懼就是饑餓和疼痛。

需要指出的是，野蠻人並不恐懼死亡，因為他們並不知道什麼是死亡。事實上，認識死亡和恐懼死亡，是人類擺脫動物狀態時最早的收穫之一。

倘若有必要，我將用眾多事實來證明這種觀點，世界上各個民族的悟性的發展，與其民族的自然需求或自然環境迫使他們產生的需求正好適應，或者是與誘使他們去滿足這些需求的欲望相適應。

我們從歷史的進程中看到，藝術就是在埃及興起並隨著尼羅河的泛濫傳播開來的。我還可以沿著藝術的進步歷程進入希臘，看到其在那裡的阿提喀沙地和岩石上生根發芽，茁壯成長，卻不能在歐羅塔斯河肥沃的兩岸紮下根來。

除此之外，一般而言，北方民族較南方民族更為心靈手巧，因為如果不是這樣，他們將無法生活。

上述這些，使我想到，大自然好像具有這樣的智慧，其想保持某種平衡，比如，其如果不讓人思想富饒，就會給人以肥沃的上地。

接著，我們再回到野蠻人的世界。

在野蠻人的世界中，所有的事物都好像在阻礙野蠻人，以免他們擁有擺脫其所處狀態的願望和方法。

比如，在野蠻人的腦海裡無法產生圖畫，他們也提不出任何問題，他們極少的需求隨手就可以得到滿足。

因此，野蠻人不可能深謀遠慮，也不可能有好奇心。

在此，我對這一問題思考的愈多，我看到純粹的感覺和最簡單的認識之間的差距也就愈大。難以想像，一個人孤獨地活著，不與其他人交流，不受生活需要的激勵，僅靠其個人的力量就能跨越這麼大的鴻溝。

到此，我們不妨發出這樣的疑問：

人類經過了多少世紀，才尋找到了來自於天上的火？

人類經過多少次偶然的機會，才認識到了火的用途？

人類經過多少次不經意的嘗試，才找到了生火的方法？

人類又經過多久，其生火的祕訣才不會與其發現者一起消亡？

此外，對於農業這種技藝，我又該說什麼呢？

農業需要太多的辛勤勞作，農業也需要太多的深謀遠慮，農業還需要太多的與之相關的技藝，所以，非常明顯，它不會在野蠻人的社會中產生，而只有在至少已經發端的社會中才能產生。

倘若我們假定有一個野蠻人非常聰明、非常開化，那麼，其他野蠻人從這個野蠻人那裡會得到怎樣的受益呢？人們既沒有固定的住所，也不需要互相幫助，他們散居在動物之中，他們一生很少遇見兩次，他們不相交談、不相往來，他們的自我完善與相互啟發又能達到什麼樣的程度呢？

這裡，請思考一下，人類有多少概念受益於說話能力的運用，又經過了多長時間才創造出語言。將這些思考與前面的思考聯繫起來，我們就可以看出，人類要經過多少時間，才能真正在意識中有能力形成那種思維活動。

談談語言

在探討語言時，盧梭發出了一系列的疑問：語言是如何變得必不可少的？語言又是如何開始確立下來的？……對此，盧梭在盡可能的情況下做了盡可能令人信服的探討，但對於以上問題，仍未能做出非常確切的解答。

以上，我隱約地談到了語言，在本節中，我將花少許時間談談語言產生時所遇到的困難。

開始探討時，我遇到了第一個難題——設想語言是如何變得必不可少的。事實上，那個時候，人與人之間沒有交流，也不需要交流，倘若語言變得必不可少，我就不可能設想語言發明的必要性與可能性。

有些人認為，語言是在父母及孩子之間的家庭內的交際中產生的。在此，我姑且這麼認為。

然而，這一假設不但沒有解決難題，反而犯了這樣一個錯誤——當由自然狀態進行推論時，竟摻入了由社會狀態得到的概念。

這些人認為，一家人就如跟我們現在一樣，住在同一個屋簷下，保持著持久而親密的關係，而且許多共同利益將全體家庭成員緊密地聯繫在一起。

但是，在原始的自然狀態下，人們沒有房屋、沒有任何財產，他們沒有固定的棲身之所，而是隨時隨地在任何地方都可以過夜，而且僅僅只過一夜。

異性的交往也是根據偶然的機遇和欲望來決定的，他們之間要交流的東西非常簡單，並不需要用語言來表達，同樣，他們的分手也很簡單。

母親給嬰兒哺乳，首先是她自己的需要，以後當母子相互熟悉之後，她才會為了孩子真正地餵養他。但是，當孩子一旦能夠獨立生活，能夠自己尋找食物，孩子就會毫不猶豫地離開母親。在此之後，母親與孩子要想保持相認，除非他們一直形影不離，否則，用不了多久，他們再次相遇時，就形同陌路了。

我們還應該注意到，孩子的所有需要得表達出來，所以，他對母親所說的話肯定要多於母親要對他所說的話。

所以說，在語言的發明上，兒童的貢獻肯定是最多的，而且兒童所用的語言很大一部分都應該是他自己創造的，因此，使用語言的人數有多少，語言的種數就有多少。

此外，人類流浪的生活更加使語言變化無常，任何一種語言都無法固定下來。倘若母親教會孩子一些詞，讓孩子使用這些詞表達自己的願望。以上這幾點，並不能說明語言的形成過程，而只能說明人類是如何教授已經形成的語言。

現在，我假定這第一個難題被克服了，那麼，我又遇到了關於語言的第二個難題——語言是如何開始確立下來的。

實際上，這第二個難題比第一個難題更加難以解決，因為，如果我們說人需要靠說來學會思考，那麼，人更需要先學會思考，才便於尋找到說話的技藝。

我們必須要知道，有一些概念因為沒有實際可以感知的對象，因此，既不能用手勢，也不能用聲音來表達，那麼，對於這些概念，人們所約定的表達工具是什麼呢？

所以，對於語言這種特殊技藝的誕生，我們很難作出令人信服的推斷。

事實上，人類最早使用的語言，應該是人類自然發出的叫聲。這種叫聲是人類在緊急情況下本能發出的，如遭遇危險時的呼救、疼痛時的哀號，所以，在日常生活中並不常用。

隨著時間的推移，人類的思想觀念開始發展和變得複雜，當人與人之間建立起比較密切的關係時，人們就要創造出更廣泛的語言或符號。於是，他們增加了聲音音調的變化，並輔以手勢，這些手勢極富表達力。

這個時候，人類用手勢表達眼睛所見的物體，用擬聲表達耳朵所聽見的東西。但是，手勢表達存在著巨大的缺陷，其幾乎只能表達實際存在的和易於描述的事物，而且使用範圍十分有限，至少在黑夜和遇到障礙時無法表達，而且手勢只能在人們注意到的、視線範圍內表達。所以，人們迫切需要用清晰的音節來代替它們。

雖然這些音節與某些概念沒有任何關係，但其卻更有利於用來表達一切事物。但是，這種表達只有在得到大家一致認同時才能進行，而且對於那些發音器官還非常遲鈍的人而言，這種表達不可能實現。

既然要得到大家的一致認同必須先說明理由，那麼，說話對於確立說話的用途似乎就已經十分必要了，因此，這種替代本身也就更難理解了。

我們可以認為，人類最早使用的詞，在當時人的頭腦中的含義，要比在已經形成的語言中所用的詞的含義廣泛得多。

我們可以認為，他們由於不知道劃分句子成分，起先會對每個詞都賦予一個完整句子的含義。

我們還可以認為，起先每個物體都有一個特定的名稱，沒有考慮它的屬種，因為最早的創始者還不能對這些進行劃分。這些單個的詞全都孤立地出現在他們的頭腦裡，就像在大自然中的景像一樣。如把一棵樹叫做甲，另一棵則叫做乙，因為人對這兩棵樹最初的概念是：它們不是同一棵樹。

此外，一般概念要被人的頭腦所採納，必須借助詞彙。野獸之所以不能形成這種概念，其原因就在於此。

事實上，所有的一般概念都是純理性的概念，只要稍稍加入一點想像，就立即會變成特殊概念。

所以，我們必須用語言來形成一般概念。因為，想像活動一旦停止，思維活動就只有靠語言幫助進行了。

對於語言創始者而言，如果他只能給已經擁有的概念命名，那麼，最早的名詞就只能是專有名詞。

但是，當最早研究語法的人採用我們無法理解的方法，著手擴充他們的概念，歸納他們的詞彙時，由於這些創始者知識貧乏，因此必定將這種方法侷限在很窄的範圍內。

起先，他們不瞭解存在物的屬種創造的個體名詞太多，後來，由於沒有考慮到存在物的所有種差，創造的名詞又太少。

事實上，要想作出明確、細緻的劃分，就必須擁有足夠的經驗和豐富的知識，就必須從事更多的研究和付出更多的勞動。

然而，即使是今天，人們每天還能發現以前從未見過的新物種，那麼，可以想像，早先有多少物種被那些只根據最初見到的事物的外表進行判斷的人忽略了。

對於那些原始的類別和最一般的概念，就更是難以理解了，如他們怎麼能理解精神、物質、象徵、運動等這些詞呢？因為，這些詞所表達的概念純屬形而上學的，而且在自然之中得不任何對應的實物。

以上我對語言做了簡要探討，但我發現了許多疑問，卻很難真正得到解決，這不能不說是一種遺憾。

但是，無論語言和社會的起源如何，有一點非常清晰——在使人具有社會性並使人與人之間建立聯繫方面，大自然所作的貢獻是極其渺小的。

我很難想像，在原始狀態下，人與猴子等動物相比，為什麼更加需要同類。就算有人有這種需要，同樣難以想像其他人會出於什麼樣的動機，來滿足他的這種需要。我更加難以想像，即使其他人滿足了他的這種需要，那麼，他們是如何能就一些條件達成一致的。

人們總是說，在這種狀態下，人類的苦難是極其深重的。

倘若正如我已經證明的那樣，人類在經過無數的歲月才有了擺脫這種狀態的欲望和動機，那麼這一狀況也就只能歸咎於大自然，而不能將其歸因為大自然創造出來的人類。

然而，在我看來，「苦難」一詞並沒有什麼實際的意義，或者說，只是表示一種令人痛苦的被剝奪狀態，是身體上或精神上的痛苦。

在此，我抑制不住要發出這樣的疑問：自然狀態和社會狀態的生活，究竟哪一種更使人難以忍受？

請看看我們的周圍吧，幾乎所有的人都在抱怨，我甚至看到有些人盡可能放棄享受這種生活，在法律的干預下，也無法遏制這種混亂的局面。

我不禁又要發出疑問：有誰曾聽說過，一個自由的野蠻人抱怨過生活或者自殺過？

因此，讓我們拋棄虛榮，真正憑心來判斷一下，真正的苦難到底屬於哪種狀態。

最後，我要說的是，在自然狀態下，人類僅僅依靠本能就能獲得生活所需；在社會狀態下，人類必須擁有很高的理性才能獲得生活所需。

從道德方面來考察人

在本節中，盧梭從道德方面來考察人，對自然狀態下野蠻人的善與惡作了具體的探討。最後，盧梭又從情慾的衝動方面對自然的人和社會的人做了比較，他認為，在這一點上，野蠻人可以說是非常幸福的了！

在我看來，自然狀態下的人類，在起初他們之間好像並沒有任何道德關係，他們之間並不存在任何的義務，因此，他們不可能是惡的也不可能是善的，並且他們沒有美德也沒有惡行。

在此，我首先要對「美德」和「惡行」這兩個詞作出解釋。所謂「美德」，即那些能夠幫助自我保存的性質；所謂「惡行」，即那些能夠損害自我保存的性質。

從自然狀態來到社會狀態，我們就必須考慮以下問題：

在文明人之中，是否美德多於惡行？

是否他們的美德給他們帶來的好處，比他們的惡行給他們帶來的損害要多？

當他們知道相互之間為善的時候，他們知識的進步是否足以補償他們相互之間的惡？

他們對任何人都無善惡可言，較之他們普遍隸屬於依附地位，並不得不從那些對於他們不負任何給予義務的人們那裡接受一切義務，是不是更為幸福呢？

關於善惡，我並不贊同霍布斯的結論。霍布斯認為，人由於沒有任何善的觀念，所以，他天生就是惡的；而人性之所以邪惡，是由於他並不知道美德。他之所以常常拒絕為他人服務，是由於在他看來他並沒有為他人服務的義務……

霍布斯在推論其所建立的原理時，本應該斷言，自然狀態是一種關心我們自我保存，而一點也不損害他人的自我保存狀態，因為，這種狀態最適合人類，也最適合人類保持和平。

但是，霍布斯的主張卻恰恰相反，因為，他將滿足許多熱切的需要不恰當地列入野蠻人對自己保存的關心中去，而這些熱切的需要卻是社會狀態下的產物。

霍布斯指出，惡人就是一個強壯的小孩。那麼，究竟野蠻人是不是一個強壯的小孩呢？對此，尚需要我們作進一步的瞭解。

即使我們退一步來說，承認野蠻人就是一個強壯的小孩，那麼，我們將從中得到什麼有意義的結論呢？

倘若這個人，當其強壯的時候，就如同他軟弱的時候一樣，同樣依賴著他人，那麼，他還有什麼蠻橫的行為做不出來呢？

當他的母親餵養他太遲的時候，他可能毆打他的母親。當他的弟弟讓他煩惱的時候，他可能扼死他的弟弟。當他被別人侵害的時候，他可能會咬傷別人的腿。

然而，他的強壯而又是依賴的，這便是自然狀態下兩個矛盾的假設：當他強壯的時候，他就是獨立而自由的人；當他依賴別人的時候，他又是軟弱的。

霍布斯沒有認識到，既防止野蠻人像我們的法學家所主張的那樣使用其理性，又防止他們像霍布斯自己所主張的那樣濫用其能力。

因此，人們可以說，野蠻人並不是邪惡的，正是由於他們並不知道什麼是善。之所以如此，並不是知識的發展，也不是法律的限制，而是惡行的無知和感情的平靜在防止他們為惡。同樣，他們更不會知道，惡行所得到的好處遠比美德所得到的好處要大得多。

此外，還有另一個原理是霍布斯所沒有看到的，這就是憐憫的美德。

事實上，除去母親對其子女的愛以及她們冒險保護自己的子女之外，我們很容易就可以觀察到，對於一個活的生物，馬也不願意踐踏；一個動物面對其同類的屍體，它不會毫無憂慮地走過去；牲畜進入屠宰場時的悲鳴，反映了牲畜從其所感到的可怕的光景中所獲得的印象。

毋庸置疑，自然的、憐憫之心的力量就是如此，而這種憐憫之心在人類身上則表現得更加明顯。

可以說，自然曾將最柔弱的心賦予了人類，自然曾將眼淚交給他們。

我甚至可以肯定地說，憐憫之心是一種自然的感情，它由於調節著各個人的自愛之心的活動，所以協助著全體人類的相互保存。

正是憐憫之心，使我們毫不猶豫地去援救遭受苦難的人。

正是憐憫之心，在自然狀態中代替了法律、習俗和美德，而且它還有這樣的優點，沒有一個人試圖違抗它溫和的聲音。

正是憐憫之心，勸阻了強壯的野蠻人，只要有希望能在其他地方尋找到食物，那麼，他們就不會去搶劫柔弱的小孩或衰頹的老人。

正是憐憫之心，以一個自然善良的格言——「你為自己謀利益，要盡可能少損害別人」——來影響和感悟所有的人。

現在，回到自然狀態來考察野蠻人，我們能夠發現，野蠻人那不太活躍的情慾同樣受到憐憫之心的抑制。

實際上，與其說他們是邪惡的，不如說他們是粗野的，他們寧願注意防範其可能遭受到的禍害，而不願意有意加害於別人，這樣的人是不易發生很危險的爭執的。

因為，他們之間沒有任何種類的交往。

因為，他們從來不知道謙遜、尊敬、虛榮或輕蔑。

因為，他們沒有任何真正的利益觀與正義觀。

因為，他們將自己可能遭遇的暴行視為一種易於恢復的損害，而不視為一種應當加以懲罰的凌辱。

所以，如果野蠻人爭執的目的不比食物更為誘人的話，那麼，就很少有流血的結局。

在此，有一種非常危險的情況需要說明。

在所有激動人心的感情之中，有一種是最熾熱、最激烈的，那就是男女異性之間的情慾。

這種情慾是非常可怕的，其冒著各種危險，克服重重障礙，並且在其狂熱的時候好像足以毀滅人類似的，而它所負的天然使命本是為了保存人類。不敢想像，那些被放蕩的、獸性的熱情所矇蔽的、無羞恥的、每天以流血為代價的、互相爭奪愛情的人們，將要變成什麼樣子？

首先必須指出，情慾越是激烈，那麼，抑制情慾的法律則越為必要。但是，非常明顯今天的法律並不能夠勝任。

事實上，即使法律能夠控制這種混亂，但如果要求法律來制止沒有法律就不會存在的那種禍害，那未免是向法律提出的最無意義的一種要求。

下面，我們要區別戀愛感情中的生理方面和精神方面。

所謂「生理方面」，即引起兩性相結合的那種一般的欲望；所謂「精神方面」，即決定這種欲望並使之專門固定在唯一對象上的那種東西，或是為了這一鍾愛的對象而對這種欲望給以較強烈的精力的那種東西。

很容易看出，愛情的精神方面是一種從社會習慣中產生的人為感情。這種感情是建立在野蠻人所沒有的某種價值和美的觀念之上的，因此，野蠻人幾乎不具有這種感情。

所以，可以說，野蠻人在這方面是非常幸福的，他們對於能夠激動其感情和增加其困難的愛一無所知，這樣，他們就不會常常感到這種情慾的衝動，因此，他們之間的爭執也會較少且不殘酷。

也就是說，野蠻人都安靜地等待著自然的衝動，並且無選擇、也不狂暴地順從著這種衝動。當這種需要得到滿足時，他們的整個欲望也就隨之消失了。

關於戀愛

盧梭指出，愛情只有在社會狀態下而非自然狀態下才具有某種狂熱性。接著，盧梭將動物和自然狀態下人類的情慾作了比較。最後，盧梭為我們總結了自然狀態下人類的生存狀況。

毫無疑問，愛情只有在社會狀態下而非自然狀態下才具有某種狂熱性，並且常常給人帶來極大的危害。

說野蠻人為了原始的情慾而互相殺戮，是不正確的，因為這種觀點完全與事實相違背。

在動物世界裡，許多雄性會為了爭奪雌性而發生激烈爭鬥，春天的森林裡也常常會發出恐怖的嚎叫。

但是，我們不能就因此推論說人類也是如此。

對於動物而言，它們的雄性和雌性的比例相差的非常明顯，它們發生爭鬥的原因有兩種：其一，雄性的數量遠比雌性多；其二，雌性拒絕與雄性接近的排斥期較長。

然而，這些情況與人類都不相符，因為，一般而言，男性數量多於女性，而且即使是野蠻人，也從來沒有出現過女性像其他雌性動物那樣的排斥期。

除此之外，有些動物會整群地進入興奮狀態，於是便出現了一個熱烈、喧囂、騷亂和爭鬥的可怕時期。而人類的情愛不會季節性地爆發，所以，不會出現這種時期。

因此，我們不能根據動物的情況，而就此推斷出自然狀態下人類的情況也是如此。

關於自然狀態下的人類，我們倒可以得出這樣的結論：

野蠻人在森林中遊蕩，他們沒有住所、沒有語言、沒有技藝、他們不與人交際、與人無爭；他們不需要別人的幫助，也不會故意傷害別人。他們沒有感情，自給自足，他們只具有與他們的狀態相適應的意識和智力。他們只感到實際的需要，只留心他們認為必須注意的東西。他們的悟性也只是發展到了有點自負的程度。如果偶然有所發現，他們也不能與別人交流感想，因為他們連自己的孩子都不認識。即使他們有所發明，那也將與其發明者一同消亡。他們沒有教育，也沒有進步。一代一代毫無進展地繁衍下去。

在此，我之所以花這麼長的時間和篇幅來探討這種假想的原始狀態，是因為我要消除許久以來、根深蒂固的謬誤和偏見。

在我看來，必須挖掘其根源，將真實的情況展現在大家面前，我要用事實來說明，在自然狀態下，即使是自然的不平等，也遠沒有現代學者們所說的那樣真實、那樣有影響。

事實上，很容易看出來，在使人們各個相異的差別中，有許多曾被認為是自然產生的差別，不過是社會中的人所採取的生活方式和生活習慣的產物。

所以，體格健壯還是嬌弱，以及與之相應的力量強大還是孱弱，常常就取決於人受教養的方式是嚴酷還是溫和，而不取決於人的原始體質。

同樣，人的思維能力也是如此，教育不僅使有教養的人和沒教養的人之間存在差別，而且即使在有教養的人之間也因教育程度的高低不同而存在差別。

但是，如果把社會狀態下不同地位的人所受的教育和生活方式的巨大差異，與吃的食物相同、生活方式相同、做的事情也完全相同的動物般的原始生活的簡樸和單調比較一下，我們就能看出，自然狀態下人與人之間的差別比社會狀態下人與人之間的差別必定要小得多，人為的不平等必定會使自然的不平等大大加深。

關於社會狀態下的奴役問題，我想每一個聰明的人都能夠看出，只有當人們相互依賴，即人們的相互需要把他們聯繫在一起時，才能形成奴役關係。不先讓一個人落入離了別人不能生活的處境，就不可能使他淪為奴隸。而在自然狀態下就不存在這種處境，因為在這種狀態下，人人都不受束縛，最嚴酷的法律也是一紙空文。

上述，我證明了在自然狀態下，幾乎覺察不出不平等現象存在，也幾乎感受不到它的影響。下一步我就要揭示它的起源及其在人類思想不斷發展中的演變過程。

圍起自己的土地

盧梭指出，因為土地私有制的出現，使得人類獲得了很大的進步，並且能夠運用新的知識和技巧，與此同時，人們的痛苦也隨著土地、氣候和季節的差異帶到他們的生活方式中去。

文明社會的真正奠基者，是第一個人把土地圍起來，並對其他人說：這是我的土地，而且那些受眾居然認可了他所講的話。

假使，一旦有人拔掉了圍地的木樁，並像同類人說：土地是所有人的，不屬於任何個人，大家共同享有土地上的果實。這一句話將會使去無數次的戰爭、罪行和殺害，免去以上活動帶給人們的苦難和痛苦。

隨著，社會經濟的發展，一切事務的發展也一改往日面目，因為私有制觀念是由許多先天觀念演變而成，而不是突然在腦海中形成的。

人類需要獲得許多知識和技巧，並一代代相傳，使它們不斷增加起來，以達到自然狀態的終點。正是因為如此，我們把那些緩慢遞嬗的事件和不斷積累的知識，按照時間發展的順序結合起來。

人類對自己生存的感情是最原始的感情，對自我保護的關懷就是最原始的關懷。

土地上生產的農產品，供給人類一切必需的物品，這些物品本能地促使人類去利用。

生存、饑餓以及某種欲望的需求，不斷地促使人類利用各種不同的生存方式順延它們的種類。但是由於缺乏情感的溝通，兩性一經滿足，便相互離開，而孩子一旦能夠獨立存活，就與母親脫離關係，因此，它們產生的都是一種純動物的行為。

最初原始人和動物一般，只侷限於單純的感覺，而不能向自然索取某些必需品。

但是，由於人類在生活中必須要刻服某些生活困難，例如：採取高大樹木的果實；爭取食物與其它野獸，要想實現這一切，人類必須要加強自身鍛鍊，使自己變成善於迅速奔跑、勇於戰鬥的人。

克服自然的某些障礙，使人類學會使樹枝、石頭等自然器具，也學會了戰勝其它動物的技巧與補償那些曾經因為某些原因不得不放棄的東西。

隨著人數的增多，人們的痛苦也就越多。土地、氣候和季節的差異要求人們具有一種新的生活技巧。於是，人們在沿海、河等地區發明了釣魚，從而變成以捕魚為生的漁民；在森林地帶，則創造了弓箭使人們變成了善戰的獵者。

火山的爆發、電閃雷鳴或者某種機會認識了防禦嚴寒的火，經過不斷的創新學習，學會保持火的不滅，然後又學會了生火，最後用火來烤肉食物。

動物與人以及人與人之間，由於生活上的不斷接觸，使人的心靈會產生某些知覺，比如大、小、強、弱、勇敢、怯懦以及無意識的對比關係，都會使人產生某種思考，甚至機械的謹慎為保障自身的安全而採取必要的手段。

我們很容易理解發展中產生的新知識，並且這種知識使人具有某種優越性。人類千方百計地設置陷阱誘騙野獸，在無數次戰鬥中，人類降伏了力量比人大、奔跑比人快、對人類有害的動物，馴服它們為人類服務。

經過此番觀察，人類第一次產生了自尊感，這樣雖然還沒有等級分別，但是他已經準備把自己列為最優秀的人。

雖然，以前人類之間的關注不同如今這麼密切，但是經過日積月累地交往和觀察，他就會看出同類之間、雌雄之間的相同之處，以此來推斷尚未發現的相同點。

在同樣的情形下，發現自己的行動與其他人相同時，就可以推知大家的思維方式和對待事物共同的想法和感覺，這種真理一旦得到證實，就可以促進人際間的交往，得到自己利益的最好規則。

人類活動的唯一目的是追求幸福生活。由於共同的利益，他可以邀請同類的幫助，也因為彼此間的競爭，他不信任任何同類人。

正是因為上邊這兩種情況，他們可以結合成任何自由團體，也可以為了得到自己的利益，公開使用武力或者使用智巧達到某種目的。

人類在不知不覺中獲得了相互間的義務以及這些義務優劣的觀念。但是，這些顯而易見的利害對他們有要求的時候，他們並不能預見到，更不必說未來發生的，甚至連下一時刻將要發生什麼都無法預測。

在漫長的人類社會生活中，人的語言是經過無音節的叫聲、很多的手勢以及模擬聲音組合而成。

在各種地區經常對這種語言加上一些音節和約定俗成的聲音，於是就形成了許多不同地區的語言，但是這些語言是粗糙並且不完備的，經過歷史的衍變形成了如今各族人民仍在使用的語言。

原始事物的進步

盧梭告訴我們，由於事物進步的情況不同，所以發展起來的人與人之間的差異也就越大，在效果上也就更加顯著和持久，並且在同樣的比例上開始影響著人們的命運。

經過無數世紀的衍變，人類初期的原始進步幾乎不易被察覺，因此我用簡練的筆跡跨越了事物緩慢的演變過程。

智慧的發生、技巧的運用，使人類取得了更快的進步。他們用鋒利的石斧截斷樹木，加成小棚，並敷上一層泥土，於是就形成了住房。這是第一次變革，促進了家庭的形成和區分，從此私有制形式出現，爭執和戰鬥也由此而生。

能夠建造住房的人，幾乎都是強悍的人，並且覺得有能力保護它。這樣，我們就很容易理解，弱者會模仿強者來構建他們的住所，至於已經有房子的人便不會佔據任何其他人的住所，因為這樣難免會造成一場不必要的鬥爭。

最初的人類情感是一種新情況的結果，這種情況把丈夫、妻子、父母以及子女結合到一起，由於共同生活的習慣，使人類產生了最溫柔的情感：愛情、親情、友情。

因為互相的信存和彼此之間的自由是維繫每個小家庭的唯一關鍵，從而男女兩性便產生了最初的差別，女人經常負責日常的家居生活，照看老人和孩子；男人則外出負責詢求食品和生活資料。

正是如此，由於兩性生活的都比較安逸舒適，所以都失去一部分強悍性和氣力，這樣就有利於集合起來，共同抵禦外來者的侵略以及野獸的侵害。

這種新情況使人們過著簡單、舒適的生活，並且彼此之間很少來往，因為他們的需求很有限，一些基本的工具滿足了他們的日常生活，所以他們享有更多的閒暇時光安排各種不同的活動享受生活。

這樣人們無意就給自己帶上了一個枷鎖，同時也為後代種下了痛苦的種子。因為，這種枷鎖會使身體和精神持續衰弱，並且人類一旦習慣了舒適的生活，幾乎就感覺不到樂趣，而視之為一種生存的需要。於是，日積月累，一旦這種享受得不到時，人類會比享受這些快樂時更痛苦，這就說明習慣一旦成為自然將會很難改變。

經過上面的分析，我們很容易理解語言的建立過程以及如何的趨於完善，並且還可以推測某種特殊的原因使語言的流通變得更加的必要，從而擴大了它的發展傳播迅速。

顯而易見，人類之間共同營生的生活與大森林中流浪著的獵人相比，更容易形成共同的官方語言。據推測：大陸還沒有社會或語言之前，島上已經產生了社會，語言也隨即產生，而且隨著社會的發展也形成了相當完善的模式。

由於人類有了比較固定的居住場所，散落在森林中的人們便漸漸地相互結合起來，結合成某種集團，並最終形成共同的民風和習俗。

這是由於過著同一種方式的生活，以同樣的食物為生，並且受著相同氣候的影響而形成的，並不是規章制度的硬性規定。

正是由於彼此之間的相互聯繫，使人們日益頻繁的交往變成了密切而持久的關係。人們經常不考慮對象而加以比較，於是不知不覺中就產生了美麗和才能的觀念，特殊的偏受也由此產生。

由於人們習慣了每日相見，一旦這種習慣有所改變，人們便會悵然若有所失。猶如溫柔的情感深入到靈魂深處，一旦有小的誤會和衝突就會惱怒。嫉妒就隨著愛情而出現，一旦愛情破裂，嫉妒就會造成流血的犧牲，所以說，嫉妒和愛情共同構築人類的情感。

人類社會日益文明化，正是由於觀念和情感的推動；精神和心靈的相互作用。

聯繫增多，關係必然日益密切，人們習慣於群居在住所前面或者圍繞樹周圍載歌載舞，享受閒暇的愛情和娛樂時光，這些成為他們日常生活必不可少的生活事項。

日常生活的交往使人們相互之間彼此觀望，這時大多數人共同觀注的事情就有了一種價值。

能歌善舞的人、最有力量的人以及最具口才的人，就形成了最受尊重的人，從而走向了人類不平等的第一步，同時也走向了邪惡的第一步。

人類的這些最初的喜惡中，一方面產生了虛榮的輕視，另一方面也產生了羞慚和羨慕。正是由於這些原因引起了人們對幸福或絕望生活的結果。

最初的禮讓是因為人們之間相互評論，並且彼此之間在心靈深處形成了互相尊重的觀念，每個人都認為自己應該被別人尊重，同時也應該尊重別人，所以禮貌、尊重由此而生。

正是由於尊重和禮貌，使得一切有意的破壞的侵害都成為了侵略。因為侵害和破壞所帶來的輕視受害者要比戰爭損失讓人難以接受。

由於受到輕視，受害者要根據別人對他的傷害程度進行報復，於是人就變得好殺戰，這也就是許多野蠻民族曾經有的進化過程。

就此而言，人類原始社會時就是大性溫和的，而不是天生就殘忍的，那時他們只知道一味地防備威脅，而不會主動加害他人，所以洛克認為：在沒有私有制的地方是不會有不公正的。

社會和人們之間建立的一切關係，都要求具有人類特有的性質，這是區別原始社會的特點。

在沒有法律之前，道德觀念是唯一的裁決者，所以純自然的善良已經不適合新社會的產生。

侵害增多必然導致報復的日益加劇，這時，報復的恐怖代替了法律的制裁，儘管人類自然的憐憫心是介於原始狀態中的悠閒自在和我們今天急遽的自尊心形成鮮明的對比。

這種狀態不易發生變革，而且也是適合人類發展的狀態，因為人類好像生來就是為了停留在這個狀態並且這個狀態是引領人類走向完善方向的進步。

當人們滿足於自己建築的住所時，並且還侷限於把荊刺和魚骨縫製獸皮衣服時，以及至力於把弓箭打造的更為精良和美觀時，這一切都需要自己動手獨立完全。這時他們過著自由、健康、快樂的田園生活，並且沒有等級之分，人們之間無拘無束的相互交往。

相反而言，自從一個人不能夠獨立完全任務時，他必定就會邀請同伴幫助，這時，私有制就出現了，平等就自然消失了。奴役和貧農不久就變成須用汗水來換取微薄收入的傭農。

正是因為冶金術和農業的發明，使人類的文明發生了巨大的變化。美洲野蠻人因沒有使用這兩種髮明，所以一直處於未開化的狀態。相對而言，歐洲雖不算文明最早的，但是其發展過程卻很少中斷，因而，文化化的程度也就越高，這就說明了歐洲不僅是產鐵最多的國家也是產麥子最豐富的地區。

人類對鐵的認識和發明使用，至今我們無法考證，這就更難以想像從礦藏中提煉某種物質以及為了熔煉這種物質所應做的準備。

人類發現火並不是因為偶然，而是透過模仿自然，從火山的突然爆發到噴出熔化的金屬物質，從而人類學會了冶煉金屬。

既然我們假設，先前人類會有如些的智慧和勇氣來進行艱難的工作，並且能夠從中獲取一定的利益，可見那時的人類智慧還是比較高的。

人類不斷從樹木和其他植物上採取食物，這對於繁殖植物來講是一種很快地獲得食物的方式。

當人類很智巧地應用銳利的石頭和帶尖的木棒時，並且在他們居住的周圍種上一些植物或蔬菜，經過長時間的觀察，他們知道只有經過大規模的耕種才能夠獲得生產所必需的勞動工具。

嚴格地講，要想從事農業生產技術，必然要先犧牲一些東西，然後才能獲得更多的東西，也就是說要做長遠打算，把目標放的更高、更遠。人類致力於農業和其他各種技術的發明和應用都是必要的。自從人類發現了熔鐵和打鐵的工作時，就需要其他的人來供給他們的生活。工人數目的增多，從事供給生活資料的人就會越來越少，但是消費生活資料的總人口數並沒有減少。而且，其他的人需要用若干產品來換取鐵匠們的鐵器，所以另外一些人就發明了增多鐵產品的生產祕方。

綜上所述，我們很容易理解農業上的耕種法和推廣金屬加工的製品。私有制一旦被承認，那麼土地必然最初是以公正規則分派給大家的。這是因為大家都已經把目光放到未來，都還怕由於損害他人利益使自己以後遭到報復。

這種思想很容易理解，只有自己創造的東西才能佔有的心安理得。勞動才能給予耕種者更多的產品，同時也認可了土地本身的權利，這種連續不斷地佔有同一塊土地很容易把土地轉化為私有。

農業在實踐以前，就被認為是「黛絲摩福裡」，換而言之，由於土地的分配而產生的一種新權利，也就是所有權。

如果社會以這種狀態平穩發展的話，那麼在人們的才能相等的基礎上，一切事物可能始終是平等的。

但是，這種平衡會因為強壯人創造的工作多、靈巧人從自己的勞作中獲取了較多的利益等不同方式有所改變。

不知不覺中，雖然相同的勞作時間，但是獲得的報酬卻大小不一，因此人與人之間不平等的關係由此產生。

人類的新情況

據推測社會和法律的起源，最初應該是給弱者以新的桎梏，給富者以新的力量，永遠的消滅了天賦自由，並且把保障私有財產和承認不平等的法律永遠確定下來，把巧取豪奪變成不可取消的權利。

由於事物的發展進入了一個展新的程度，各種技術、語言的發展也伴隨著一切事物而來，在這裡我沒有必要重複讀者已經耳熟能詳的事例，只需要概括地描述一下人類新事物的發展順序而已。

這時，人類一切的能力、記憶力以及想像力、自尊心、智慧都可能達到了最完善的程度，一切天賦的性質都已被發揮的淋漓盡致。

每個人的命運和等級是建立在財產的多寡和每個人的利害衝突上，並且也與聰明、美麗、功績等其它因素的性質有關，只有這些性質才能引起周圍人的重視。

正是由於這些因素的影響，使得每個人都不自覺的利用這些性質，為了本身的利益，不得不改變成為引起他觀望的目標。

顯而易見，這種改變會使人產生浮誇和欺詐的詭計，也就是說，由於無數新的需要，我們將不受自然和其他同類的支配。

這就是說，富有的人們需要貧困人的服侍；貧窮需要富有人的援助。這樣的需要就會造成一部分人變得奸詐和虛偽，另一部分人變得專橫和冷酷，並且一旦其他人不畏懼或欺騙自己，他便欺騙周圍一切的人。

最後的結果就是，永無止境的野心佔據了人類的心靈，使得自己高於周圍一切的人。這種人都有一種陰險的目標或嚴重的嫉妒心，為了便於達到目的，往往把自己化身為善人的面具。

這一切都是私有制帶來的後果，一方面人人都相互競爭，另一方面也是利益衝突，每個人都隱藏著損人利己的私心，這些都是不平等的必然結果。

在沒有發明貨幣之前，人類普遍以土地、家畜和現實財產來代表財富的多少。

當土地的面積和產量增加到一定程度時，有些人只能透過損害他人的利益來擴大自己的財產。於是軟弱的人便失去了任何東西，只能從富人手中接受或搶奪某些生活必需品。

由此，富人和窮人因財產和性格等原因，開始產生了統治和被統治階級。富人在統治奴隸時感到了制服的快樂，所以他們一心征服奴役，鄙棄其他一切的快樂。

最強者或最弱者把他們自身的需要和力量都看作是對他人財產的權利，他們把這種權利看作所有權，因此，很難想像，這種平衡一旦被破壞後結果將如何。

由於貧富的差距，使得富人要搶奪更多的財產，貧者也因生活的壓力變得更加脆弱。自然的憐憫和公正的聲音變得不能再弱了，人們的貪婪和邪惡佔據了上風。由此產生了無窮無盡的衝突，最終只能以戰爭和殺戳而終結。

新社會的產生讓位於可怕的戰爭，人性再也無法從曲折的道路折回，悲慘墮落的人性只不過是走向滅亡的邊緣，無法使自己獲得以前的各種榮譽。

戰爭倘若爆發，富人會很快意識到戰爭對自己是多麼不利，雖然生命上的冒險是大家共同承擔的，然而財產上的冒險卻是他們自己負擔的。富人的財產無論怎樣掩飾都無法抹去「暴力」二字，所以他們無法抱怨任何戰爭。

富人因為佔據了超過維持自己生存需要的生存必需品而招致眾多人的反對呼聲，無論富人怎麼為自己辯駁，都無法抵擋住全體的貧困人。富人與富人之間也因為嫉妒而不能對抗因搶劫而來的敵人。

富人由於形勢所迫，處於深謀遠慮，計劃出了攻擊敵人的力量來為自己服務。首先把敵人變成自己的守護者，並像他們灌輸一些新的格言和制度，使他們沉浮於富人之手，衷心為富人服務。

無論社會是貧困還是富有，一旦所有人都武裝起來相互對抗，那麼任何人都不會安寧。於是富人就會編出一些動聽的理由，來誘導貧困大眾，如：建立人人平等的社會，每個人都維護公平與正義的準則，弱者與強者相互補濟。

總之，富人會製造出多種理由來誘導大眾，結合成一個至高無上的權力機構，用明智的法律保護富人的利益，並且防禦共同的敵人，使大家生活在看似和睦的社會中。

富人正是抓住了粗野人的某些弱點，例如：容易受騙、沒有評判是非的能力、以及過大的貪婪和野心，於是責任的枷鎖就迎合了這些缺點，保障了他們的自由。

人類有足夠的智慧來察覺一種政治制度的優劣，卻沒有足夠的經驗預測這種制度帶來的危險。明智的人能夠預見其中的利弊，但是為了保證一部分的自由，也必須犧牲一小部分的自由來取得更大的益處。

法律的起源，據推測應該是給弱者以桎梏，給富者以新的創造力量，同樣永遠地消滅了天賦自由的條例，卻把保障私有財產和承認不平等的條例永遠的保存下去，至此，少數野心家由於利益的驅使變得更加殘暴和專橫。

一個社會為了對抗外來侵略必須聯合起來其餘的力量，這樣社會不久就擴大到整個地面，人類無論走到哪裡，都不可能脫離這種枷鎖。

市民法已經成為公民的共同規則，自然有些其它的法律就適合於各種不同的社會，在這裡自然法被稱為萬民法，並且因為協議的默認調整，使得人類之間的交往成為可能。

世界主義者擁有憐憫心，超越了各個民族的障礙隔閡，使得人類一切的行為舉止都得到仁愛的包容。

政治組織之間，由於一直停留在自然狀態之中，使得他們不久就想擺脫這種龐人的政治組織之中。因此，很容易理解那些反人性、反理智的民族戰爭和報復，甚至把殺人流血看作美德光榮的事件。

這種社會文化氛圍，很容易把那些最正直的人也改變成把殺同類還看作是自己應盡的一種義務。我們能看到成千上萬人的自相殘殺，卻不知他們為何這麼做，甚至連他們自己也說不清真實的原因，這就是人類分成若干個社會後所造成的最初結果。

社會制度

社會制度這一抽象的體制，貫穿於整個人類社會的發展史，有人說他起源於強者的征服，有人說他起源於弱者的聯合，但實驗證明，社會起初是由一些基本公約組織起來的。

不同的作者對政治社會起源有不同的觀點和看法，有的人認為它起源於強者的征服，有的人認為它起源於弱者的聯合，但我有自己的觀點。

首先，征服者與被征服者，在以暴力為基礎建立的投降條約，無論征服者的權利多麼強大，這條約本身便是無效的。更不可能有法律、政治、組織，真正的社會。

其次，事實上在法律產生以前，人類要想使他的同類服從的唯一辦法便是襲擊對方，或者分配給對方東西。由此便產生了「強大」和「弱小」。隨著社會的演變，後來便有了「貧」和「富」。

最後，我想說一種制度是對其有利的人發明的，而不是對其有害的人發明的。例如「窮人」和「富人」，窮人對自己唯一的東西是非常珍惜的，絕不會輕意的放棄，而富人對自己的每部分東西是極其敏感的，它對自己的財產往往採取安全的措施。

人有時候只能察覺到眼前的事情，而對於其他的事情，人們只能在它出現的時候，才會察覺到、注意到。究其原因是哲學和經驗的缺乏。

對於新產生的統治機構也一樣，由於它是新生事物，沒有固定和較正規的形式去發展它，所以即使有賢明的立法者、英明的君主、忠誠的執行者，它的政治狀態仍就有許多缺陷。

時間可以使人發現它的缺陷，並提出一些挽救措施，但卻永遠也補救不了組織本身性質的缺陷。

經驗能證明一切，經驗同樣地證明了社會這個組織是多麼脆弱，一般公約組織了社會模型。社會中的人對這些社會模型的公約，約定遵守，並由一個以一定形式組合而成的集體對社會中的成員負責任。

經驗更證明了社會中違反所謂的公約的人是多麼容易逃避所犯錯誤的懲罰。當犯錯誤的人想方設法的想逃避法律的制裁，當社會的混亂讓人時時有不安感，人們才省悟到公共權力應委託給私人。儘管這樣做非常的冒險，他們還是願意嘗試讓官史去執行人民決議的任務。

普林尼曾對圖畫真說：「我們所以擁戴國王，因為他能保證我們不作任何主人的奴隸。」這句話充分說明了，人們之所以為自己找出一個統治者，是為了保護自己防止受壓迫，為了維持他們的財產、自由、生命。

全部政治法則都有一個基本準則，有的時候是圍繞這個基本法則上下波動。這個基本法則是，人民為了保衛自己的自由、不受奴役，才甘願降服於自己的首領。在人際關係上，對於一個人來說最大的不幸莫過於使自己受另一個人支配。對於寶貴的權利，誰不想擁有？即使讓與他人，那人又以什麼樣等價的東西相回報呢？所以說這是一種常識。

布拉西達斯，在形容波斯波利斯的生活水與斯巴達生活的不同時說，我知道這個故鄉的幸福，別人卻不知道我的故鄉的快樂。這富有哲理的話，告訴了我們，人們只有在親自享受自由、天真、美德的時候，才會更深刻的體會到它的價值。

從某種程度上，它也否定了政治家對愛好自由，哲學家對自然狀態所做的解釋。他們根據相似的東西，判斷未來的東西，或根據過去的東西判斷未來東西的做法是有違常識的。

人的天性是傾向奴役還是反對奴役，應根據自由民族為抵抗壓迫而作出的事跡決定。正如，文明人無怨地帶著他的枷鎖，野蠻人從不向枷鎖投降，被奴役人民的墮落狀態是不一樣的，但它不能決定人的天性。

討論「自由」問題，是全社會共同的話題，無論是前一種人在痛苦中享受和平、安寧，還是後一種人為保存自己的財產而犧牲快樂、安寧、財富，一切的一切都源於社會制度的組織形式。

關於父權

巴爾貝拉克曾說：「自由是人的一切能力中最崇高的能力，在文明社會中自由的價值顯得更為重要。對於父權來說，父權是文明社會中自由的產物。子女對父親並沒有服從的義務，有的只是尊敬的義務。

什麼是父權？依照自然法父親在其子女需要扶助的時候，扶助子女長大，此時他是子女的主人。但要過了這個時期，便不是父權。

父權有多大的功效？許多學者認為專制政治和整個社會都是由父權派生出來的。可透過「父權」的涵義我們可以瞭解到，子女對父親並沒有服從的義務，有的只是父親撫養其長大，而尊敬父親的義務。所以說，認為「文明」社會是由父權派生出來的觀點實際上是錯誤的，而是文明社會給予父權相應的權利。

對於一個父親，他擁有自己的財產，有時這些財產是他保持其子女對他的從屬關係的紐帶。父親能根據子女所盡孝道的多少，分配給子女應繼承的部分。但對於臣民和暴君卻沒有相似的關係。暴君剝奪臣民，算是公正；暴君讓臣民活著，算是施恩。

如果一種契約只約束當事人的一方，一切義務都由一方負擔，那麼，這種契約的有效力是非常難實現的。

如果我們從權利角度去研究一些事實，專制政治的建立是有違人民的意願，毫無根據，毫無真實性可言的極不合理的制度。

巴爾貝拉克曾說：「自由是人的一切能力中最崇高的！」巴爾貝拉克一直主張即使國王也應服從國家的根本法。為了取悅殘暴的主人，拋棄所有天賦中最寶貴的是多麼的愚昧。為了主人的意旨違背造物主本意，這是多麼的墮落。

人和獸最大的區別是，人是有思想、有意識的動物，如果人失去思想、意識，完全受於被支配的狀態，那人和獸還有什麼區別？上帝這個萬能的造物主，看到這一切一定會非常的憤怒。

巴爾貝拉克曾根據洛克的看法提出：任何人不能出賣自己的自由，竟使自己受專制權力的任意支配。因為出賣自由就等於出賣自己的生命，而任何人都不是自己生命的主人。我所要說的只是，對於人們一生下來便會享受到一種幸福，若是沒有這些幸福，生命本身便是一種負擔。如果把自己貶低到某種程度，他們的後裔也受到同樣的屈辱，他是沒有權利使別人也受到這樣待遇的。

普芬道夫曾指出，人既可以根據協議與契約把自己的財產讓與別人，同樣也可以為了有利於某人而拋棄自己的自由。我不贊成他的說法，對此也有自己看法。

第一，別人如果濫用我的自由，利用我作為犯罪的武器，使自己去犯罪卻不會成為罪人，我是決對不能容忍的；我能容忍別人濫用我財產，也會把財產讓與別人，但我卻容忍不了那種冒險。

第二，物質財富與生命、自由是不能相提並論的，物質財富可以被人們隨時處分掉，但生命、自由卻是很難隨意的轉讓、拋棄。也許有人會問他們不同樣的都屬於所有權嗎？可所有權分好多種。一個人拋棄了自由，便貶低了自己的存在，拋棄了生命，便完全消滅了自己的存在。

第三，任何人、無論以何種代價拋棄生命和自由，都是違反自然，違反理性的。對於子女而言，子女們享受父親的財產，是由父親的權利轉移而來的，而自由則是他們的天然稟賦。對於奴隸制來說，它違犯了自然，也就是違背的客觀事實。

政府從何開始？我們無法回答。但政府一定不是從專制權利開始的，政府最初建立是對最強者專制權力的補救方法。專制權利實質上是政府腐化的結果，是政府的終極歸宿。所以專制權利並不是社會上各種權利的基礎，更不能看成人為不平等的基礎。

真正的契約

盧梭指出，人間有一種無形的契約，在某種程度上是一種真正的契約。

它存在於不同的國家、不同的政府、不同的法律、不同的人，它時時刻刻的約束著人的行為，制約著國家的命運，掌控著政府的發展，指導著法律的運行……

對於一個國家的全體成員，都有一個有約束力的根本法，這項法律規定著負責監督執行其他各項法律官員的選作曲和權力。包括憲法所需要的一切特權，但不能涉及到它的變更。

人們也規定了，管理國家事務的官員會得到一定的尊重和榮譽，這也是管員在管理好國家事務上所得到的報酬。法律規定官員必須行使以下的權利。

第一，他們必須按照委託人的意思行使所受託的權力。

第二，必須維護每個人能以安全地享受他所有的一切。

第三，必須在任何情形下都把公共利益放在個人利益之上。

所謂具有約束力的根本法，是每個人的意志結合成一個單的意志，表現這個意志的條款。國家構成的基本要素不是官員而是法律，所以一個國家官職的設置和官員權利常以根本法為依據。

在經驗沒有被證明以前，這一憲法在國家管理中發揮的作用，應是較好的巨大的。根本法不容易破壞，因為它有許多的維護者，它一旦遭到破壞，官員們便喪失了管理國家的合法地位，人們也就沒有再服從他們的義務。所以，官員是根本法的最忠實維護者。

就契約的性質而言，契約是可以取消的，棄權的權利就以這為依據。更高的權利事實上是以保證締約者的信守不渝，迫使彼此履行一定的允諾。如果如果有一方違背了契約中規定的義務或權利，便會拋棄這種契約的權利。我們所要研究的是人類的制度。

人類歷史的發展證明了，各種政府中不同的政權組織形式，是由政府成立時存在於人們之間的差異產生。像君主政體國家，便是一個人在能力、道德、財富、聲望上是卓越的並被選為長官。貴族政體是一些彼此不分上下的人，他們一律被選。民主政體的國家是人們的財產，才能並不是那麼平均，而他們距離的自然狀態，又並不很遠，那麼他們便保持著最高的行政。

對於公民的自由，不同的人有不同的選擇，有些人只承認法律，也有些人聽命於主人，公民享受自由，公民放棄本該屬於自己的自由。這便是公民與臣民的最大區別，也是財富與征服、幸福與美德的不同。

無論是哪種政體，它最初的官員都是由選舉產生的。只是隨著政權組織形式的發展，有野心的權貴們利用這種情況，把君主職位永遠的留在自己家中，把自己看成國家的擁有者，和最初的情況產生相背。

對於不平等的進展，可以分為以下三個時期，第一個時期是法律和私有財產權設定不平等時期。與第一個時期相對應的狀態為窮人和富人的狀態。第二個時期為官職的設置與其相對的狀態是強者和弱者的狀態，第三個時期為專制權利時期對應的狀態為主人和奴隸的狀態。

對於這種進展的必然性，應當考察它在實際上所採取的形式。

對於一個國家來說，如果任何人都不違犯法律，任何官員都公正清明，那麼這個國家的政權組織機構中軍隊、法律、官員等職位的設立便沒有意義。

對於一個政府，如果它不腐化、不腐敗、不貪汙、不浪費總是按照綜自己該做的做，那麼這個政府存在便沒有它的真正意義了。

對於一個國家的一項法律來說，如果法律的存在只能時時刻刻的體現它的約束力，它的嚴肅性，而不能從根本上改變一個人、教育人、指導人，那麼這樣的法律對國家的建設，發展沒有任何意義。

政治上的差別，必然會引起社會上人民間的差別。人與人之間的差別，因社會分工的不同而凸顯出來，「窮人」和「富人」、「強者」和「弱者」都因各自的才能不同、境遇不同、欲望不同而有了明顯的分工。

隨著分工的不同，不平等現象便也隨之產生，官員與農民間的不平等、士兵與犯人之間的不平等、統治人與侍奉人間的不平等，說起來兩者之間只有幾個字的差別，可這卻折射出一個時代的身分地位。不同的人都帶有不同的枷鎖，目的很簡單，是他們能把枷鎖套在別人身上。這在某種程度上是一種真正的無形的契約。

名望與權威

名望和權威能促使每個人都渴望別人對自己的讚揚。於是，勞動人民拚命的工作、賺錢渴望出人頭地。人間最好與最壞的事物也便由此而生，美德與惡行由此而發。

在人與人之間有一種不平等的現象，他們是聲望和權威的不平等，這種不平等又被分為若干個分支。比較常見的是財富、名利、地位、權勢等。

在一個國家中，這個國家組織的好壞？治理的如何？以上的不平等種類是最明顯的標誌。在這些種類中，身分是根源，財富是基礎，名利是保障，所以每個國家的聲望和權威都是不可動搖的。

判斷一個民族距離原始制度的遠近和走向腐敗的進程，主要是透過這個民族所表現出來的聲望和權威。無數有野心的人追逐於同一競賽場上，有許多人都熱衷於聲望、榮譽、特權。促使我們的欲望澎脹，嫉妒心昇華，因而每天都造成無數的成功與失敗。

聲望和權威能促使每個人都渴望別人對自己的讚揚，於是勞動的人們渴望出人頭地，拚命的工作，賺錢。人間最好與最壞的事物也便由此產生，美德與惡行由此而發。

上面的論述可以匯聚成一本著作，著作中有人民與自然狀態中的權利相比，有由於政府的性質以及時間引起的變革，而呈現出不平等現象的揭露。

從書中我們可以看到，在國內常常被壓迫的人民大眾為了抵禦外來的威脅，而做的奮鬥。我們可以看到受壓迫者無耐的呻吟，弱者的要求被看作判亂的怨言。最後那些法規出現，可同樣的會有祖國的保衛者成為敵人，工人不做工，農民不務農，都無法反抗壓迫者的壓迫。

首領們有時為了達到一定的目的，常常採用違反理性、幸福和道德的措施。

於是，你能見到人們為了財產和地位相互的詆毀；你會看到本來結合起來的人們，因為金錢、名譽而離間；你會目睹到在和平、安寧的背後隱藏著一個充滿血興的計劃危機。

混亂中暴君出現了，腐朽的政治制度逐漸的抬起頭，國家的威嚴，法律的正公，人民的自由被不法者蹂躪、踐踏。

在變革時期，必然會有騷亂和動亂，一切都成了一種犧牲品，人民沒有了家國，國家沒有了法律，有的只是一個維權者，專制政治出現了。一切都是名望和聲威的禍根，是人心的欲望在行動。

不平等的頂點

人類最初的原始狀態，是不存在不平等現象的，是人類的產生、存在、發展打破了這一原本的自然狀態，不平等現象才獲得了興起的力量，是私有制的出現以及專制政治的建立，這種不平等現象才得以根深蒂固。

不平等發展到一定的高度，便會喪失善的觀念、正義的原則。一切都成了強者的權利，在這種自然狀態下，純潔轉化為腐化、平等轉化為不公，臣民與暴君之間是主子與僕人之間的關係。

暴利能將一個普通人推上君主的地位，同樣暴力也能推翻君主，一切事物都是按照這樣的順序發展、變化的。任何人都沒有抱怨別人的不公正，只怨自己的不幸。

自然狀態和文明狀態之間的距離有多大，恐怕沒有人能知道，即使是把人類從自然狀態引向文明狀態的人也早已遺失了曾經努力的進程。

在不知不覺的變化中，人的心靈和本質有了變化，漸漸的本性消失。

在事物的發展中，我們會知道許多倫理上和政治上的答案，不同的時代，不同的人。

由此可知，當時間長期的變化，人們的需要和樂趣也會隨之變化，在自然狀態逐漸演變為文明狀態的時候，在智者的眼裡，所有新生關係的產物，都是人和情慾的本源。

社會中的公民，為了尋求一分工作而終日的辛勤、奔波、流汗、焦慮著，為了生存他們做自己不喜歡做的事情，說自己不擅長的活，他們以充當奴隸為榮，這一切成了人類的悲哀。

野蠻人與文明人之間的內心世界是如此的不同，對於文明人而言，幸福的涵義很豐富，而這一點也許便會使野蠻人陷入絕望中。在野蠻人的眼裡自由、安寧便是幸福。像歐洲大臣繁重的工作與加拉伊波人的生活相比，彼比都不能理解彼此生活中的樂趣。

當一切都歸結為一種現象時，我們會感到一種驚訝，驚訝於人們對善惡的冷漠態度，驚訝於人們間道德與良好的蒼白無力。為了炫耀自己，擺盡了自己所有的榮譽、友誼、美德甚至惡行，似乎這一切都是榮譽的最佳要求。

人類原始的狀態本是一個透明的集體，是什麼使那一切變的複雜而繁瑣，黑暗而朦朧？是什麼改變了人類本該有的天然傾向並把它敗壞到如此程度？是社會的精神和由社會而產生的不平等。

透過本文的論述可知，人類社會最初產生的自然狀態，是沒有不平等現象的。是人類的產生、存在、發展，不平等才獲得了興起的力量。是私有制的出現以及專制政治的建立，才使得這樣不平等狀態延續至今。

無論人們對自然法下的定義如何？我們對一切不平等現象都應有深刻的看法和理解，不平等現象只是精神上不平等的認可。

下篇 論教育

盧梭宣揚自然主義教育思想，闡述性善論，認為人性有天賦的自由、理性和良心，順性發展就可成為善良的人，實現善良的社會。所以，教育應受天性的指引，以培養自然人為目標。自然人的身心調和發達，體魄健康，感覺靈敏，理性清晰，良心暢旺；相反，封建教育造就王公貴人和國家公民，卻把人的天性窒息了，使天真純潔的兒童淪為社會傳統的俘虜，失去了善良的本性。

第一章 嬰兒時期的教育

盧梭在本章中論述了嬰兒時期的教育，即零歲到兩歲時的教育。他指出，兒童在母親懷中的時候，沒有任何心情，沒有任何思想，幾乎連感覺也是沒有的；甚至覺察不到其自身的存在。因此，教育應從出生開始。他寫道：「我們的教育是跟我們的生命一起開始的，我們的第一個教師便是我們的保姆。」盧梭認為，嬰兒時期教育的重點是身心的養護和鍛鍊，以保證兒童具有健康的體魄。

教育的意義

盧梭非常重視兒童的教育，他將兒童教育分為兩個方面，一是身體方面的教育；二是心理方面的教育。只有將二者有機的結合起來，才是教育的真正意義所在。

對於人類來說，當一個人還在母親懷中的時候，他便以不同種類的形式接受不同方面的教育。這種教育，在人的一生當中是至關重要的。

當人從母體中來到人間，便有了另外一種形式的教育。可以說，這種教育是同人的生命一道而來的。

我們在此，將這兩種教育稱為嬰兒時期的教育。

對於嬰兒時期教育的重要性，我們可以透過草木的例子加以論證。

當我們將一棵幼苗栽到土壤中的時候，我們要每天澆水、施肥，為了讓這棵幼苗能長成參天大樹，我們每天把它照顧的無微不至。

對於人類來說，無論一個人生下來有多高多強壯，他的身材、氣力，在他沒有學會如何使用這些人類工具以前，都是沒有用的。

在嬰兒時期，無論是人還是動物，他們生來都是軟弱而無助的。他們在此時需要後天力量的培養，而這種後天力量便是嬰兒教育的重任。

嬰兒生來是無意識並且愚昧的，他需要一定的判斷力和辨別力，這種力量只有教育能夠給予。

教育賜給我們思想、智慧、潛能；教育教會我們如何運用自己的肢體、語言、知識；教育同樣地教會我們為人處事，生存之道。在教育中你形成了自己的人生觀、世界觀、價值觀，也讓你從嬰兒長成了成人。

三大教育者

盧梭認為，教育的重點是教會人如何生活而不是生存。人類的教育可分為三大類，自然教育、事物教育、人的教育。我們決定不了自然教育，也掌握不了事物教育，而能握住影響人一生的人的教育。

在你一生中，教育或受之於自然，或受之於人，或受之於事物。才能、器官、肢體的發展源於自然的教育；如何利用自己的資源，是父母、老師、社會上人的教育；經驗、經歷，是事物教育的貢獻。

每個人都是這三種教育的結合體，無論三種教育中哪一方面缺失，我們說這個人的教育都是不完善的。因為，三種教育在人的教育中擔當的成分是不一樣的。

對於我們來說，我們決定不了自然教育，我們只能在某些方面決定事物教育，而我們真正能得到掌控的是人的教育，這還是在一定的條件下。

如果我們把教育看成藝術。那麼，一個成品的藝術，就需要天時、地利、人和外加三種教育的共同作用。

教育對我們來說有個難點，即你是把人教育成一個真正意義上的人，還是教育成公民？因為，受自然和社會制度的制約，我們不能同時教育成兩種人。

人類的教育應當從長遠來看，立足於孩子的未來，我們不應只著眼於怎樣保護自己的孩子，應教他長大成人後怎樣保護自己。

人終歸是要死的，不要勞心費力地想讓孩子永久的生活，那樣的做法是枉然。

教育存在的最重要一點是教會他如何生活，不僅僅是呼吸、生存而是生活、活動。教給他們如何使用器官、感覺、才能，以及一切其他東西。

生活的意義不是生命的長短，而是生活的感受。

人類時期受到制度的束縛，一生下來就被人捆在襁褓裡，一死就被人釘在棺材中。

自然的教育可以使一個人適合所有一切人的環境。所以，對窮人是不需要什麼教育的，因為，他有環境的強迫教育，而富人則需要一定的教育。

由此可見，三大教育對嬰兒的健康、成長是多麼重要。

愛彌兒便是一個典型受到良好教育影響的人，他的導師給予了這個孩子真正的教育。

對於他的導師而言，愛彌兒需要做的只有一點，就是服從。

對於周圍的人而言，就是誰也不要謀略去分開他們師生。因為，他們把彼此一生的命運作為共同奮鬥的目標。

為什麼周圍的老師和學生常常出現以下兩種情況：一是老師心不在焉，二是學生不服管教。那是因為，師生之間各人搞各人的一套，各有各的想法。他們之所以在一起是被某種因素所勉強的。學生把老師看作兒童時期遇到的災難，老師把學生看作沉重的負擔。

相反，如果兩個師生之間，能夠彼此尊重，互相愛護。學生不因和老師學習而感到羞愧；老師不因學生的無知頑皮而感到無耐，那才是一個良好的教育。

兒童到成年時和老師可以成為非常好的朋友，老師樂於盡心竭力，賦予學生種種美德、品行、智慧，到老年時可以享用其利益的基金，那是一件多麼美好的事情。

做為父親，當上帝賜予他家庭時，他沒有任何選擇，不應有偏心，無論他的孩子是健康、殘廢、還是強壯或懦弱，他都應該將他們看成同一個寄存品，平等的對待。

在教育兒童時要習慣於，讓他接受新事物，看新東西，這有利於培養他的勇敢。

一次，赫克托向安德里羅馬告別，他的孩子看到父親頭盔上飄動的羽飾，嚇得哭了起來。

作為父親的赫克托是這樣做的，他把頭盔放在地上，逗弄孩子，然後玩弄羽毛叫孩子也來玩弄。最後，如果有人用手去拿赫克托的軍器的話，乳母就該把頭盔拿起來，一面笑著，一面戴到自己的頭上。

我曾鍛鍊愛彌兒聽慣槍聲，我就先在短銃裡點一個信管，那火焰的閃光會讓他感到欣喜，然後我再一步步的教他，直到他將長槍、大砲的射擊完成。

當理智使孩子開始感到恐懼的時候，我們就要用習慣的教育使他們振奮，讓他們無所畏懼。

就像孩子開始不曾畏懼雷，可當他知道雷能傷人時，便害怕它，這就需要教他們習慣。

生命力的表達

當生命力開始的時候，孩子的世界一切都是空白的。當教育在不知不覺中作用於他時，他的思維、記憶力、想像力開始被激活。於是，孩子有了辨別力、感覺、意識……

生命的起初，記憶力和想像力是靜止的。孩子只是透過他的感官，注意周圍的東西。

周圍的事物對感官造成影響形成感覺，感覺是知識的原料，要想讓孩子產生有序的感覺，需要培養孩子的記憶力，記記憶對這些感覺進行排序，供應他的智力。

新生的孩子對周圍的一切都是好奇的，什麼東西都想去摸一摸、看一看、聽一聽，特別是將看、聽、摸的樣子進行比較。

學會了這些基本的辨法，他們便會瞭解物體的冷、熱、軟、硬、輕、重、大、小、長、短等，並能夠感覺出種種性質。

對於孩子來說，他是沒有行動觀念的。所以，不管物體距他多遠，他都會毫無分別的伸手去拿。

因此，應該使孩子常常的走動，讓他們感覺到地方的變換。

當孩子的意識能夠分辨遠近的時候，就要採取另外一種教育的方法，不應隨便的抱他們去他們想去的地方。因為，只要他們的感覺沒錯，他們的行動就要改變，這種改變需要人們注意。

語言的開始

盧梭指出，孩子最初的語言是啼哭，雖然這種語言不是咬清音節發出來的，但那種聲音卻是抑揚的、響亮的、理解的，教育讓孩子發展了最初的語言，形成現有的語言。

為什麼孩子常常會啼哭，因為當別人的幫助對於滿足、需要成為必要的時候，由於這種需要而產生不舒服的感覺。

在世上有一種自然的共同語言是人人都共有的，這種語言便是孩子們在懂得說話人前的語言。

是我們現有的語言將那種語言代替了，以致我們常常輕視它。雖然那種語言不是音節發出來的。但是，有抑揚的，響亮的，可以理解的語言效果。

是誰教會孩子現今的語言，是乳母。因為，乳母能聽得懂所哺育乳兒說的話，懂得那些吱吱呀呀的字眼是伴隨著聲調的。

孩子除了具有聲語之外，還有一種表現在臉上的手勢語。在孩子的臉上，你隨時可以看見像閃電一樣的微笑、欲望、恐懼像流星一樣劃過。

和孩子的眼睛相比，他的面部肌肉是比較靈活的。因為，他們的眼睛常是遲鈍的。

所以說，孩子的感覺表現在臉上，感情則表現在目光上。由於人最初是處於柔弱的狀態，他的各項器官尚未發育完善，所以他不能辨別不同的感受，對於一切不如意的事情，在他那都是痛苦的感覺。孩子唯一發洩痛苦的方式便是悲泣和啼哭。

事實上，這些哭聲是構成社會秩序這條長長鎖鏈的第一環。

當孩子啼哭，證明他是感到不舒服，不能滿足某種需要。對於我們，要找出他的需要加以滿足，或者哄哄他，輕輕搖他，唱個歌讓他入睡。在他開始的時候所受到的教育就是如此。

有些粗暴的保姆，有時因為孩子啼哭而打他。但事實上，孩子的哭聲會更大，像這樣年紀的孩子他所有的怨恨、憤怒、失望都在那高昂的哭聲中表露出來。

對於孩子那種易於激動和憤怒的性情是需要小心的對待的。

波爾哈維認為，小孩的疾病大部分都是痙攣性的，因為他們的頭按比例來說比成人的重，他們的神經系統比成人的散佈得廣，神經質的人最容易受刺激。

對孩子們來說，僕人會讓她們感到惱怒、心煩。所以，他們對孩子的傷害比空氣和季候危險一百倍。

如果孩子們表示反抗或憤怒，那一定是孩子們在意志方面受到阻礙而不是事物方面。

這便是為什麼生活在自由白在、無拘無束家庭裡的孩子，比生活在時時刻刻都干預他行為的家庭，更為結實、自信和勇敢。

在教育孩子的同時，要注意順從他們的心意和違逆他們的心意之間的差別。

孩子們最初的哭聲是一種請求，如果我們不加注意，便會變為一種命令。由於孩子們最初是比較柔弱的，所以他們起先是依賴，隨後才是駕奴和使役。對於這一過程產生的原因，是由我們的服飾決定的。

當孩子不聲不響的伸手的時候，是因為孩子不能判斷他和東西的距離，他以為他夠得到那個東西。

當孩子又哭又鬧伸手的時候，而是命令你將東西給他。

兩種情況應採取不同的措施，前一種你可以把他想要的東西給他。後一種你就要讓他養成不命令別人的習慣。

很明顯，當孩子要東西時，我們要將孩子抱到東西面前，讓他自己拿，目的是讓他明白你的意途。

第二章 兒童時期的教育

盧梭在本章中論述了兒童時期的教育，即兩歲到十二歲歲的教育。盧梭認為，兒童時期是理智睡眠時期，兒童的智力還處在感性階段；記憶力還帶有感性的特點。不能接受觀念，只能接受形象，沒有理性。因此，這一時期的智育和德育應是消極的。他提出此期的智育和德育不應操之過急，要適應兒童智力發展的特點。

童年時光

透過兒童時期的教育，愛彌兒雖然讀書沒有比別的孩子多。但，他從經驗中學到了很多東西，具有很強的判斷力。同時也善於自己動手做事，而不受成規和習慣的束縛，在道德方面已經具備目前狀況的道德概念。

如果孩子能夠用語言表達他們所受的痛苦或意願，他們自然而然的就會少哭或不哭。

如果有的孩子生來就喜歡無緣無故地哭鬧，最好的辦法就是，讓他的哭聲得不到任何效果，這樣他就會很快地擦乾眼淚，停止哭泣。

倘若愛彌兒因為摔倒而碰傷，甚至流血，我不會像許多家長一樣驚慌地跑過去，反而要遲一些才去扶起他。因為，傷痛已經發生，我們必須讓他學會忍受痛苦。

孩子在兩歲到十二歲時，正是開始學習勇敢精神的時候，在毫不畏懼的忍受輕鬆痛苦中，漸漸學習如何忍受更大的痛苦。

愛彌兒是個借助任何器具學會走路的，我們每天都把他帶到草地上，讓他自己跑、玩，跌倒了再學會自己爬起來。這樣一來，他就會在自由的活動中，補償許多小傷，而且是快樂健康地生活。

在第二個兒童教育時期，愛彌兒可以有個人的生活，並且他會意識到自己是一個有獨立思想的人。我們也應該，像對待朋友一樣與他正常交往，而不是像對待兒童一般。

現在的教育，為了不可靠的將來，而犧牲孩子快樂的童年，使他們牢牢地束縛在各種學習培訓班上，失去了自由、快樂地童年生活，這實則是一種野蠻的教育。

如果人們有愛護兒童的仁慈之心，使他們快樂，並培養他們可愛的本能。那麼，讓他們接受屬於他們自己的童年時光吧！

持相反意見的人，認為在童年時期，是改正不良傾向、對痛苦感覺最輕的時候。但是，這種遠慮具有很多不確定性，例如你無法肯定目前的痛苦能夠解除將來的痛苦，也無法保證能醫治兒童的不良傾向。

自然的生活法則，是依照自然的法則對孩子進行教育。在能力和願望相稱的時候，恰到好處的給他們自由活動，而不是讓他隨意地使喚人，只要幫助他的時候，讓他有一種羞愧感，這樣他就可以盡自己最大能力及早地完成。

現在我們來說實踐，如果想讓孩子做與不做某事，別用理性來教育他們。因為，「服從」、「命令」等理性詞彙對他沒有任何說服力，要用「需要」、「能力不足」來代替。

如果想讓你的學生服從你的安排，你在說服中就無意識地摻雜了命令、威脅的成分。事實上，要想讓他們服從你的安排，最好的方法就是：控制他們的自由，認清你比他們要強。

要是孩子放肆的任意破壞周圍的東西，我們最好把一切有價值的東西都拿走，這樣他們一旦產生了破壞意圖，也不會造成什麼損失。但是，如果造成破壞，也不要懲罰、責備他們。最好不要讓他看見你心情的表情，最好的狀態是一言不發。

教育法則

盧梭認為，人生之中最危險的時間是從出生到十二歲，這時最有用的教育法則是：「不僅不應當爭取時間，而且還必須把時間白白放過去。」此時的教育不在於教學生道德與真理，而在於防止心靈沾染罪惡。

從出生到十二歲是最危險的一段時間，在孩子沒有達到十二歲之前，不要教他道德、真理一類哲學的知識，而要防止沾染他們的心靈。

十二歲之後，他就可以理解理性，自然而然地變成一個聰明的人。所以，在些期間不要讓感情、理智影響孩子盡可能地讓他自由發展，時間一到他自然就知道自己應該怎麼做了。

孩子到十二歲時應該具備一些基本的概念，第一個觀念，是財產觀念。

我帶愛彌兒到園裡種蠶豆、鋤地，因為他在這片土地上投入了時間、勞動，所以我說：「這裡的一切都屬於你，任何人來侵犯，你都要制止他們，保護自己土地上的果實。」

正是有了財產觀念，才使孩子認識到了權力和義務的關係，進而學會了保護自己應得的東西。

我們應在自然和自由的情況下教育孩子，要讓孩子明白，如果撒謊則會造成種種不良後果，並且直接會落到他們身上。

其實，孩子如果違背諾言或道德，也不是有意而為之，因為他們的年齡根本不具備善惡辨別的能力，所以，他們一旦做錯了事，也不要責備，更不要去懲罰。

每個孩子都善於模仿周圍的大人。例如，孩子的慈善和大方並不是與生俱來的，而是從其他人那裡效仿得來的。

我並不希望孩子去模仿大人而享受種種稱讚，因為孩子應該有他自己的思維活動意識，而不要把大人做的事看成小孩子也能做的，這樣會影響他以後的發展。

絕不損害別人，在道德上不僅適合兒童，同樣也適合各個年齡的人。這是一條看似平坦，實則艱難的路，需要好的性格和心靈共同構築。不要急於對兒童做好或壞的評價，因為這一時期屬於兒童理性睡眠。

孩子有感知的能力，但是缺少判斷觀念的能力。他們記得聲音、形狀和感覺，卻無法理解概念、理智。所以，他們所識別的知識都停留在感覺層面，也就是說，只能記住代表事物的各種符號，而不能明白所指代的具體物體。

孩子的記憶力是在不知不覺中形成的，他把周圍一切事物的所見所聞都記錄到大腦中，這樣就培養了判斷力。

為了培養這種能力，我們就要選擇那些他應該認識的東西，拿開他不應該知道的東西，這樣，至少可以使孩子成長得更健康。

很難想像，愛彌兒到十二歲還不知道什麼是書，因為我從來不強迫他讀書、背誦課文，即使是那些最著名的寓言也不例外。

因為，對於六歲的孩子來講，他根本就無法理解真正的寓意。所以，大多數孩子最痛苦的事就是背誦那些他們無法理解的課文。

即使我沒有強迫愛彌兒讀書，但是他不到十二歲就會讀書寫字了。因為他經常收到請諫，他需要找人讀給他聽，但是並不是每次都能如願，有的時候時間已經過去因而沒有參加，所以他經常自己識字，開始可能很費時費力，但不久就能明白那些單詞的意思。

身體訓練

童年最好的閒暇時光應該做點什麼？「鍛鍊」，這能為孩子的今天打下良好的根基。這裡的「鍛鍊」主要包括兩個方面：一是身體的鍛鍊，另一個是感官的鍛鍊。

只有良好的身體素質，才能培養優秀的智慧。我所倡導的是無為才能一切有為，不要存心去改變一個孩子的行為舉止，即使這個孩子乖僻成性。例如，有一個孩子曾用離家出走來威脅我，我便讓他走，然後請一個朋友在適當的時候給他一點教訓，事後我對他仍然照顧，從此他在也沒有說過相同的話。

為了使孩子將來不受疾病的折磨，有堅強的心和結實的肌肉。我們首先要培養他接受大量的體育鍛鍊，這樣會養成忍受痛苦的習慣，將來面對種種艱難困苦也能夠接受，並且勇於承擔生活的壓力。

兒童在發育過程中，應該選擇那些穿著舒適、顏色鮮豔的衣服，並不是衣料華麗精緻，漂亮的衣服。

為了增強孩子的抵抗力，使他的骨頭長得緊密，能夠抵抗外傷和寒氣，我將愛彌兒的衣服不按季節的變化而更替，這樣他的身體慢慢就會習慣天氣的變化。

我總是採取看似平常實則謹慎的辦法，預防孩子可能受到的傷害。每當愛彌兒因為運動口喝時，我便會把他帶到稍遠的地方，使他身上涼爽，這樣喝一些冷水也不會有什麼影響健康的。

養成良好的作息習慣是必要的，自古以來我們就有日出而作、日落而息的生活習慣。但是，隨著社會的突飛猛進，一切固定不變的事物已經不復存在，在很多時候需要打破原有規則，適應新情況的變化。

所以，我們要有意識地培養孩子對什麼時間起床都應該適應，甚至還要習慣在不好的地方也能睡得很香，這樣就能夠習慣周圍環境的突然變化。

對於滅亡，我們無力改變大自然的選擇，我們能做到的，只是讓任何事情都讓大自然用它最喜歡的辦法來照顧孩子。

現在許多富有人家讓孩子去學騎馬，而不是游泳。他們認為游泳不是貴族活動，但是我卻認為游泳可以在某些危險的地方進行自我救助。所以，我讓愛彌兒在水裡像在陸地上一樣生活。

感官培養

在盧梭看來，人體的官能主要包括感官、觸覺、聽覺、視覺、嗅覺以及第六感覺，它們有機地運行人體的各項功能，並且指揮著身體的正常運行，所以，我們要從小培養孩子的感官，使他們具有良好的身體器官。

感官是我們首先培養、鍛鍊的官能，它是所有指揮一切體力的器官。

觸覺是所有官能中遍佈全身而意識清醒時從未中斷過的，我們因為視覺的因素很少注意到觸覺的作用。最好的鍛鍊方式，便是在黑暗中做遊戲來克服自然產生的恐懼。

鍛鍊觸覺敏銳還有另一個辦法，透過發音物體上的顫動，可以選擇大鍵琴來準確而有力的練習，這樣不僅會練習觸覺，也不會使手指變得粗糙不堪。

我希望愛彌兒每天都能赤腳在土地上玩耍，使他無論在什麼地方都能夠站立得很平穩。為此，我在他的腳板下放了一塊牛皮，不是為了保護他不受傷害，而是這個地方確實需要特殊照顧。

視覺判斷距離唯一的標準是——視野，所以，我在平常有意識地培養小愛彌兒，在跑步運動中學習目測。

我並沒有命令愛彌兒賽跑，而是把點心作為獎品讓獲勝者品嚐，於是愛彌兒便主動要求參加比賽，開始我有意識地讓他取勝，從此他便積極地參加，而且幾乎大多數都會獲得勝利。

為了正確判斷物體的面積和大小，認識它們的形狀，我經常拿出實物和仿製品讓他們瞭解真正的比例，以便於描繪地更加真實。我們經常把早期比較差的畫用精美的畫框掛起來，而最成功的卻用最樸素的黑框子來裝飾。

我們大多數人在學習幾何學時，總是先記住定理，然後進行論證。而愛彌兒卻是透過一些精確的圖形，自己發現其中的規律。

透過聽到的聲音判斷發聲物體的大小遠近，這是我們培養聽覺的主要功能。我們不能要求這一年齡的孩子體會他們從來沒有經歷過的情感，只能要求他們說話時吐字清晰、聲調流暢即可。

在眾多感覺中，味覺對我們的影響是很大的。我們可能忽視視覺、聽覺，但是卻無法拒絕嘗到的食物。

培養孩子的味覺，並不是讓他們養成考究味道的習慣，而是讓他們以自然狀態下的口味，簡單、普通的食物就可以得到滿足，例如蔬食類的東西和乳製品等。

說完了視覺、聽覺、觸覺、味覺，我們再來談談嗅覺和第六感覺，這兩種感覺對童年時期不應過分注意，因為他們的想像還沒有受到刺激，情緒也不是很豐富，無法正常運用這兩種感覺。

毫不誇張地說，愛彌兒在同齡的孩子中是比較出類拔萃的，他擁有自信大方的神態、天真明亮的眼神、健康頑強的體魄以及豐富活躍的思想。正是由於兒童時期科學的教育培養，才會有今天的愛彌兒，他不僅擁有同齡人享有的快樂童年，而且也得到了大自然給予他聰明的智慧。

第三章 少年時期的教育

盧梭在本章中論述了少年時期的教育，即十二歲到十五歲時的教育。他認為，少年時期的孩子，身體強壯起來，理性開始發達，對事物有了初步辨別的能力，並透過感官的感受獲得了一些經驗，因此可以進行智育和勞動教育，使兒童發展思維能力和學習各種知識。他寫道：「這個時期是孩子的相對體力達到最大的時期，除了滿足欲望的需要以外還有剩餘，所以現在是到了工作、教育和學習的時期了。」

少年時期

盧梭指出，當兒童進入到少年時期時，我們要教他在這個年齡段所要知道的知識，而不是枯燥的、沒用的書本知識。

當一個兒童從幼年到青少年的進程中，幼年會很柔弱，但當隨著孩子的身體發育特徵，到了他現有的力量滿足了他的需要外，還有剩餘的力量時，稱之為童年。

如果把他看作成年人，他還很柔弱，但是，作為兒童來說，他已經是非常強壯了。

當一個幼小的生命成長到十二歲的時候，雖然他的器官還處在沒有發育的狀態下，但是這並不影響他什麼。

他可以無憂無慮地在這個世界上生活著，沒有任何的煩惱，想做什麼就做什麼，沒有什麼事情能影響到他。他的精力總是那樣充沛，在人的一生中只有這個時期的人類才會這樣。

人類的大腦被開發的智慧是有限的，我們每個人不可能知道天下所有的事物，也許有的人連別人都知道的事情，他也未曾知道。我們在教孩子知識的時候，要讓他學到有用的知識，而不是學後卻無用的知識。

在這樣有限的知識中，不要讓沒有經驗的、對這些知識有錯誤想法的人來教育孩子們，更不要拿那些要有十分成熟理解力才能懂得的知識來教孩子。

這樣看來，你已經可以把你所知道的知識縮小了範圍，可是，對於孩子而言，還是有些遼闊。就像孩子們學習以後不會在生活用不到的知識，而這些學科把我們推進了知識的陷阱之中。

你和孩子都應該保持清醒的理智，不要讓驕傲迷人的煙霧矇蔽了雙眼，無論何時都要記住，一個人無知並沒有什麼，而可怕的是他受謬誤毒害從而走上迷途。這一切不是他的無知所造成的，是他自以為有知而造成的。

人都有求知慾和好奇心，當孩子的好奇心突發時，我們要很好地引導他。好奇心能夠得到滿足的知識，但我們要區分知識哪些是偏見，哪裡產生於自然。

求知慾為兩種：一種是對他息息相關事物的好奇心驅使，並且天生就有渴望幸福的欲望；而另一方面是當人們不能滿足這樣願望時，人就會透過其他途徑來滿足此欲望也就產生了好奇心。如果有個科學家帶著他的儀器和圖書到荒島中，他絕不會再研究什麼，哪怕最偏僻的角落，這就是他好奇心的使然。

培養科學興趣

盧梭認為，在教育孩子時，我們的職責就是激發他們的好奇心，世界就是孩子的書本，讓他們在大自然中尋找到他們好奇心想知道的答案。

在地球上最引人注意的就是太陽，如果我們離開了自身的關注，看到地球上的物體那是必然的。

人們可能會驚訝於自己善變的程度，這種善變是因為我們的體力發展和思想關注不同的結果所造成的。所以，當我們沒有接觸到世界知識時，我們的思想不能超過我們眼睛所及的範圍，我們的理性行為也只能在這一範圍中活動。

在最初的思想活動中，我們總把感覺作為嚮導，我們也經常想把感覺作為觀念，但我們不要憑感覺去做些什麼，不要讓感覺掌控我們的思想。

世界是我們的書本，事實將告訴我們該怎樣做，就像讀過書的孩子並不是運用他們的思想，而是從文句中得到的。

我們教孩子時要激起他的好奇心。你只是提問，讓孩子們在自然中去尋找答案，而不是你來告訴他答案。不用教他科學知識，要讓他去探索出答案，不要用你的權威告訴他，那樣他的理性也將泯滅，他最終會成為犧牲品。

讀到這裡你可能恍然大悟，你想教給孩子地理，弄來了地球儀和地圖，你認為這樣孩子能探索到他想要的地理答案嗎？我肯定地說：「NO」，你應該讓他看到原物。

在一個黃昏，我和我的女兒去了一個景色優美的海邊。在那裡，我們看到了日落大海融為一體的美麗景象。

所有老師幾乎都會讚美這樣美麗的景色，並會說出來讓孩子們也去感受這份愜意。想讓孩子和他一樣的感受，這是多麼愚蠢的做法。自然景色的景觀都是存在人們心中的。

雖然孩子看到了，但他並不懂得景物之間的關聯，因為他還沒有取得經驗。他什麼都要親自實踐才會得到，如果你不曾帶他到這個大自然中感受這番鳥語花香，他怎麼會陶醉其中呢？

當我們對這個階段的孩子講話的時候，要清晰、直接和平靜，他們還太年輕，無法明白你所形容的事情，還有你咬文嚼字說出話的意思，這些對他們還太早了。

你要做的是把他帶到大自然之中，讓他的好奇不斷地被激發出來，而問題可以是你提出的，答案讓他自己去尋找吧！

當我同女兒看到太陽落下，海天一體時，我會問她：「你看到了什麼？」我沉默了一會兒，又對她說：「太陽昨天晚上從那裡落下，今天卻從這個地方升起，這是怎麼一回事呢？」

這樣她肯定有許多的問題會去思考，如果她有許多的問題等我去回答，我將引導她去尋找到她想要的答案。

這就是我給女兒上的第一堂宇宙課，我絕不會強迫她去關注什麼，所以，我給她上完第一課後不能很快地講到太陽的運行和地球的形狀。但是，女兒所觀察到的一切可以有助於天體運行依據的原理這樣的知識造成鋪墊。

那麼，從地球的自轉講到日食和月食的計算，同理解日夜更替的道理相比，所花費的時間儘管較多，但所花費的氣力則會相對較少。

在我教孩子們地理時，是從對立的兩點開始的，把地理的大發現與地球的各個部分（我們居住的地方）聯繫起來。

在科學研究時，是用分析的方法，還是用綜合的方法還存在一些爭論，但我覺得不用取捨。如果同時採用可以造成互相驗證的作用。從兩個對立面出發，但卻殊途同歸，這樣肯定能令孩子們感到驚奇。

我在地理課所講的兩個點，被有個學生用於他家所在城鎮和他爸爸的鄉間別墅，並去觀察這兩個點之間所有地區附近的河流，最後他觀察了太陽的位置，使他能夠確定方向。

我試著讓他自己畫出一個地圖，非常簡單的地圖，起先他只畫出了兩個地方我又引導他把他所看到的都加上去，這樣我就教會他用眼睛做羅盤的方法，這樣會給他留下很深的印象。

我不會教我的孩子許多的知識，但要讓他的腦海裡印有清晰、確切的觀念。假如他一無所知，那也沒有什麼關係，只要他不要在思考上出現問題就可以了。

我只在他的腦中放置真理讓他不要被謬論所引導。如果你不從生活中去體會科學，探索科學，而是抱著一本關於科學方面的書來讀，你會發現你看不懂，有些人不管什麼知識都要學，但是最後卻像狗熊掰棒了一樣一無所獲。

人在幼年時期應該是時間最充裕的。可在現如今這個競爭激烈的年代，又有多少時間讓我們的孩子去做一些有益的事情呢？其實，在教育孩子的時候不是一門心思把他培養成多有學問的人，而是要培養他的愛好和對科學的興趣，如果這種興趣發展良好，你就可以教他研究學習，但這一切都是教育好他的基本原則。

有用原則

盧梭說：「我們費盡心機想讓學生知道『有用』這個詞語的含義，但為什麼要讓他們知道呢？只不過我們多一個管理他們的手段而已。只要他清楚地看到它對現在效果的關係，他就會對這個詞產生深刻的印象。」在盧梭看來，「這有什麼用處？」這是一個神聖的問題，也是教育中一個非常有用的原則

當孩子有了足夠的判斷力，並對自己有了足夠瞭解的時候，我們不得不更加關注他職業選擇的問題，而他自己也知道想要些什麼，並且能夠知道哪些對他來說更加合適。

他就有區分工作和遊戲的能力了，並把後者看作是前者的消遣。這時候，就可以拿一些真正有用的東西給他去研究，並要求他更加勤奮地投入，

而不能以簡單的遊戲來對待。

所以，我們必須要有遠見，遠見也存在好壞，人類所有的智慧或不幸者因遠見而起。因此，當人類發現自己不喜歡做的事，就要用到所需要的法則，而不會導致他做那些更不喜歡的事情。

當兒童能夠知道自己需要什麼的時候，他們就已經知道時間的價值了，並且他們的理性也取得了重要進展。這時要讓他們慣於把時間花在他們理性能夠理解的有用事物之上才是最重要的。

所有一切有關道德秩序和社會習慣的東西，都不應該告訴他們，因為他們還沒有理解這些東西的能力。不能讓孩子照別人的話做，除了他自己覺得對他是有益處的事物以外，其他的一切事物對他都是沒有益處的。當你經常要他去做非他的理性所能理解的事情時，你自認為富有遠見，其實你根本不懂什麼是遠見。

你為了拿一些，他也許永遠也用不著的、無用的工具去裝備他，就是不讓他使用人類的萬能工具——常識。你使他習慣於聽從他人的指揮，成為他人手中的工具。你使他小時候就非常柔順，他在長大後，就容易輕信和易受欺騙。

如果你儘量教孩子學習在他那個年齡看來是有用的事物，你就發現，他的時間是被充分利用了的。

你為什麼硬要讓他去學習，他理性還不能理解的東西，去學習那些目前對他有害的東西呢？

你或許會說：「等到他需要用的時候，哪裡還來得及學呢？」來不來得及學，我不知道。不過，就我所知，要提早學習是不可能的，因為我們真正的老師是經驗和感覺，．個人只有在他所處的情境中，才能清楚地覺察哪些東西是適合於他的。

一個小孩子是知道他注定要變為成人的，他所能理解的成人生活的理想就是他教育的誘因，但他所不能理解的其他方面，就絕不應該讓他知道。

我們費盡心機想讓學生知道「有用」這個詞語的含義，但為什麼要讓他們知道呢？只不過我們多一個管理他們的手段而已。只要他清楚地看到它對現在效果的關係，他就會對這個詞產生深刻的印象。

「這有什麼用處？」這是一個神聖的問題，對於我和愛彌兒之間，對於我們生活的所有情境，都是一個決定性的問題。

這是我對他所有問題的回應，以此來阻止他問一些愚蠢問題，而很多人都會不斷地被這些問題所糾纏。

你看，我已經把多麼有力的一個工具交給你去對付你的學生了。由於他找不到什麼理由，因而你可以任意讓他不吭聲，而你卻大可利用你的知識和經驗，向他指出所有你告訴他的事物的用處！

不過，也不要錯誤地利用這一點，因為他也可以同樣對待你。因此，你要確保他將來不會對你要他所做的事情提出：「這有什麼用？」

有誰會對喋喋不休表出濃厚的興趣呢？所以，請不要用這樣說下去，年輕人根本不會去聽，這樣的長篇大論他也記不住，因此，不要把我們的精力放在絮叨上，而是要用實際的事物來告訴年輕人們。

我不提倡華而不實的教育方式。如果我和我的學生們正在研究太陽的運行和如何確定方向，我最得意的學生愛彌兒突然問我研究這些有什麼用處？我想大多數人覺得我應該滔滔不絕，發表我各種各樣的言論。包括旅行的好處、商業的利益、各地的特產等所有我知道的知識。

如果我也是那樣的話，愛彌兒肯定不會聽進去，除非他害怕打擾我，怕我生氣而假裝聽懂了我所講的一切。這樣的教育起不了任何想擁有的效果。

愛彌兒並不是從我的高談闊論中得到所謂的知識，而是從實踐和大自然中探索到的。

我帶著學生去觀察蒙莫朗錫鎮北的位置時，愛彌兒覺得這有什麼用呢？根本在生活中用不到。

我並沒有給予他答覆而是約他第二天早飯以前去散步，可我們卻迷失了方向。

在饑渴交加，疲憊不堪的時候，愛彌兒不禁哭泣起來，我撫著他的頭說：「哭泣並不能造成什麼作用。」並提醒他說：「看一看表，現在是幾點？」

「十二點」，他說。

「很好」，我說道。

接著，我引導他說：「昨天我們在蒙莫朗錫鎮觀察這個森林位置時也是十二點。」

這時愛彌兒突然說：「這樣的話蒙莫朗錫鎮就應該在森林的南邊。」

我接著問：「我們怎麼確定南北呢？」

「根據陰影的方向」愛彌兒說道。

當然我們最後根據這個方法找到了蒙莫朗錫鎮。

《魯賓遜漂流記》的影響

在盧梭看來，《魯賓遜漂流記》雖並非一本名著，但卻是對自然進了最滿意的論述，而這樣一本書不會把孩子的趣味破壞掉，而是始終給予他歡樂。

關於少年時期的教育，我不贊成讓這個階段從枯燥的書本獲得他們需要的知識。

那麼，我們就沒有什麼辦法把書本中的東西展示給孩子們嗎？

如果我有什麼神奇的力量，我一定會創造這樣一種環境，讓他們自主地去學習，有興趣地去學習，並且激勵他們去學習。

《魯賓遜漂流記》是我讓愛彌兒讀的第一本書，它不是亞里斯多德的名著，也不是普林尼的，更不是畢豐的。可就是這樣一本並非名著的書，但在我看來，卻是對自然進了最滿意的論述，就是這樣一本書不會把愛彌兒的趣味破壞掉，而是始終給予他歡樂。

在《魯賓遜漂流記》這本書中講了魯賓遜在沒有同伴，沒有任何工具的荒島中，怎樣去獲得食物，並且他還快樂的生活在這個孤島中。

無論什麼年齡的人都會從中得到啟發，我們要用各種方法讓孩子們感到有興趣。雖然，書中描述的環境不同於我們現實中的環境，更不屬於像愛彌兒這樣的環境。

我們要讓孩子們從這個故事中知道，如果處在一個與世隔絕的環境裡，要像魯賓遜學習。

對於這個年齡階段的愛彌兒會從這本小說中得到消閒和教育，尤其是書中魯賓遜在荒島中遭遇船難到最後一隻船把他載離那個荒島的故事。

我希望他忙得不可開交，希望他兢兢業業地管理他的樓閣、他的羊群和種植作物，希望他不是從書本上而是從經驗學習，從在同樣的情況下他需要知道的一切事務中學習，希望他認為他就是魯賓遜，想像自己穿一身獸皮，戴一頂大帽子，佩一把大刀，帶著奇奇怪怪的東西，就連他用不著的那把雨傘也隨身帶著。

我希望他能關注一旦缺少什麼東西時應該採取什麼措施，希望他研究一下小說中的主角是怎樣做的，探討一下那位主角有沒有什麼疏忽的地方，哪些事情還可以做得更好。你可以確信，他會為自己計劃修造一個相似的房屋，這是他那樣快樂年齡的人真正的空中樓閣，這時他所理解的幸福就是有生活的必需品和自由。

事實上，對於一個能掌握教育孩子的技巧、喚醒孩子想像力的人來說，無論在任何環境下都是很好的教育環境。孩子的想像力一旦被挖掘出來，他會表現出對學習的渴望，有的時候還要讓你去加以制止。

職業的選擇

盧梭認為，一個人在那裡坐吃不是他本人賺來的東西，就等於是在盜竊；一個人如果一事不做而靠政府的年金生活的話，就同搶劫行人的強盜沒有分別。勞動，是社會人不可或缺的責任，任何一個公民，無論他是貧或是富，是強或是弱，只要他不幹活，就是一個流氓……

我認為，一個人在那裡坐吃不是他本人賺來的東西，就等於是在盜竊。

在我看來，一個人如果一事不做而靠政府的年金生活的話，就同搶劫行人的強盜沒有分別。

處在社會之外與世隔絕的人，對任何人都沒有義務，所以他有權想怎樣生活就可以怎樣生活。

但是，在社會之中，他必然要依賴他人的力量而生活，他應該用勞動來向他人償付他生活的費用，這是任何人都不能例外的。

所以，勞動是社會人不可或缺的責任。任何一個公民，無論他是貧或是富，是強或是弱，只要他不幹活，就是一個流氓。

我認為在一切人類可以謀生的職業中，手工勞動是最能讓人接近大自然的，而不會受到命運和他人影響的是手工業者。

手工業者是自由人，只依靠自己的手藝，他的境遇要好於農民，因為後者被束縛於土地之上，其收成也會被別人掠走。

不過，農業是人類的第一職業，最有價值，最有用，也最高貴。

我沒有向愛彌兒說：「學點農業吧」。因為他已經熟悉了農活。所有的莊稼活兒他都不陌生，他起初就是從莊稼活兒學起，而且還會不斷地幹這種活兒。

因此，我所要對他說的是：「耕種你祖上留下來的土地。但如果你失去它們，或壓根就沒有土地，那麼，你還得學一門手藝。」

想讓愛彌兒學習一門沒有任何特殊的手藝，是沒有什麼價值的。

一門手藝不過是用手做的活罷了，一種機械性的技藝。你要他做什麼？他什麼都會——他已經會使用鏟子和鐵鍬，會使用車床、錘子、刨刀和銼刀，他熟悉各種手藝的工具。

他和一位優秀的工人相比，他所缺乏的不過是使用工具時的速度。他還有一個比誰都優越的條件，那就是他的身體靈便、手腳靈活；他的器官健全，且受過良好訓練；他還懂得各種手藝的機械原理。要成為一個技藝能手，他所欠缺的只是經驗，而這只是時間問題。

考慮了所有因素之後，我認為我最喜歡而且也最適合我的學生的興趣的職業是做木工。這種工作乾淨、實用，而且可以在室內做。這種工作使身體有足夠的活動量，它要求技巧和勤奮，在製作實用的產品的同時，也不失優雅和趣味。

我要求我的學生們每個星期至少到師傅家去學一到兩天，因為我們不能把所有的時間花在木工活上，還要學習做學徒。在做學徒時我們會和師傅一起工作、一起吃飯，這樣我們很快就學會了幾種職業，在學手工活的時候我們也沒老學做學徒。

讀到這裡我想大家已經知道，我是怎樣鍛鍊我的學生進行手工勞作的習慣的，又怎麼使我的學生喜愛反思和思考的。

我的學生必須像農民那樣勞動，像哲學家那樣思想，才不至於像野蠻人那樣懶惰。教育的最大的祕訣是：「使身體鍛鍊和思想鍛鍊並行不悖」。

第四章 青年時期的教育

盧梭在本章中論述了青年時期的教育，即十五到二十歲時的教育。他認為，青年時期欲念日益增長，處於狂風暴雨似的轉變時期，應主要進行道德品質的教育。

十六歲自愛的年齡

盧梭認為：「人欲念的根源是自愛，自愛最主要的方式便是懂得生活。一個人只有愛自己，才能更好的愛別人，有人稱這是自愛的真諦。」

人生是短促的，在這短促的時間裡我們幾乎沒有功夫去領略它，便匆匆過去。

固然，死亡的時刻與出生的時刻相距很遠，但如果你沒有好好珍惜，生命便會轉順間逝去。

生命的第一個四分之一，在我們還不懂怎樣度過中度過。生命的最後四分之一又是在我們不能享受生活中度過。中間的四分之三又被睡眠等消耗掉。問一下自己，真正能夠度過的世間有多少呢？

我們可以說人有兩次生命：一次為了存在，一次為了生活。

一般地說，人是不會始終停留在兒童狀態的，他到了本該有的階段，便會脫離那種狀態。這個階段是短的，但卻是重要的。

我們將前一階段稱為生存，而後一階段稱為生活。只有到了生活這個階段，人才算真正的生活。

到了此時，我們對孩子的關心才具有了重要的意義。此時的教育也有了新的施行。

人們保持生存的主要工具昰欲念，欲念是很難消除的。消除欲念就等於控制自然，更改上帝的作品。

所以，想阻止和剷除欲念的人，實際是愚蠢的。

根據人之有欲念是人的天性，我們可以推斷，我們在自己身上所感覺到的和看見別人所表現的一切欲念都是自然的。千百條欲念，這樣的小溪，便匯成了大河。

自然的欲念是達到自由的工具，保持生存的目的。

人的欲念是什麼？奴役毀滅嗎？不，不是。人的欲念的發源是「自愛」。

自愛是種原始的，內在的，先於其他一切欲念的欲念。

所有的欲念實際上都是自然的，外因促使自然的欲念，演變為其它的欲念。這種演變，對我們是有害的。因為，它改變了最初的目的，違反了原理。

人就是這樣脫離自然與自己相矛盾的。

人最重要的責任是關心生命，自愛在中間發揮的作用是很好的，因為它符合自然的秩序。

為了生存我們要愛自己，同時也要愛保持我們生存的人。正因如此，兒童都愛她們的乳母。

這種愛起初是無意識的，是盲目的本能在起作用。這種本能變為情感，情感盡而化成了愛。

當對方表示的情感有害於我們，我們就會產生憎恨。有益於我們，就會喜歡。

所以，當對方傾其全力幫助或損害我們的時候，我們也會對他們表示出他們向我們表示的那種情感。

孩子的情感有兩個，首先是愛自己而後是愛同他親近的人。

孩子起初對乳母的依依不捨之情，是習慣，而後才是愛。

孩子開始是自然而然的對人親熱，但隨著個人的利害、需要、主動，依賴別人愈來愈多時，孩子就變的性情、傲慢、騙人、報復人。

自愛和自私是有區別的，自愛涉及的是自己，自私涉及的是和別人的比較。由此可見，敦厚溫和的性情產生於自愛，偏執妒忌的性情產生於自私。

十八歲博愛的年齡

盧梭說：「人不能始終單獨地生活，他需要融入社會，和社會的人保持某種關係。而那需要善良去維持，博愛便是善良的祕方。」

如何讓一個人在體質上善良?這需要自愛的奠基，同時也需要博愛的心胸。

要做到博愛就需要，人在需要上少，事事都同人比較的少。用博愛的心，愛周圍的人和事。

人不能始終單獨地生活，所以人很難保持那種善良，以致更需要博愛去相輔。

人應研究的是他同周圍的關係。當他想認識自己的時候，應根據周圍的事物、關係研究自己。

人到了一定的年齡就需要伴侶的陪伴，需要一顆心的相依。同別人的關係，心中的愛都會隨著伴侶的關係同時發生。

人的本能使兩種性別相互吸引。天性的衝動，是由人的知識、偏見、習慣產生的，所愛的人在某方面也會與其達成共鳴。

人要真正懂得愛，需要時間和知識的儲備。

判斷讓我們有了愛，比較讓我們有了選擇。真正的愛是受人尊重的。

有人說愛是盲目的，那是因為透過彼此的眼睛，可以看到心靈的窗戶，而別人是無法啟迪的。

愛是由自然產生的，而且它還限制著自然的欲念。

正因如此，除了被愛對象以外，這種性別的人對另種性別的人才滿不在乎。

愛是相互的，為了要受到別人的愛，就必須使自己成為可愛的人。他需要情人也需要朋友，每個人都需要所有的人愛他。

要不是因為有許多地方不滿意，大家是不願意有所偏愛的。於是有了糾紛、敵意、仇恨、偏見。

愚蠢的人在偏見的駕馭下，竟失去了自我，完全按別人的見解去安排他們的生活。聰明的人則會把它看作生活的經驗資本加以利用。

自愛之心為什麼不能成為一種絕對的情感。那是因為你生活在社會中，和不同的人打交道。

在偉人心中博愛能成為驕傲，在小人心中博愛會成為虛榮。在孩子們心中，沒有驕傲和欲念，是我們把這些東西帶給他們。但在青年人眼中，不管我們怎樣努力，這些欲念都會在他們心中生長起來。

從童年到青春期，每個人都會隨著氣質的變化而變化。對於民族來說就要隨著風土而變化。

自然的教育進行的晚而慢，是讓感官去喚起想像。人的教育則進行得過早，它是用想像去喚起感官。那使感官在沒成熟的情況下便開始活動。

人們常常認為，受過教育的文明人的發情期和性能力，比粗野無知的人的發情期和性能力成熟得早些。

孩子有一種特異的好奇心，可以透過外表發現其中掩蓋的一切不良習俗，它與教育又是無關的。

青年時期，博愛讓人學會了愛自己，同時也愛那些給予過你幫助的好人，和曾有過以矛盾的敵人。

二十歲愛的年齡

盧梭曾指出：欲念是可害的，如果不加以節制，會造成損害。用愛去減少欲念的膨脹，用愛去感染孩子的心，你會覺的世上只有一種亮色。

保持孩子天真的最好辦法，是他周圍的人都尊重和愛護他們的天真。否則，無論當我們做了多麼微小的隱瞞動作，都會讓他們明白，我們在竭力隱瞞了他什麼。

有些文雅的人和孩子談話咬文嚼字，這反而使孩子更加知道，他們似乎在隱瞞什麼。

尊重孩子，就應該找到和孩子們交流的最佳話語方式。直率並不代表就不適合孩子，相反是非常適合孩子的。

事實上，真實的語言，是可以用來轉移孩子危險的好奇心的。粗話反而會讓孩子窒息想像力。

試想一下，如果人們每次的對話，都是心理感情最真實的流露。那麼，那種天真爛漫的說話方式是多麼的便捷。

如何讓年輕人，日益成長的想像力，從那些刺激欲念的事情上加以轉移？我們應該讓他們只看到克制而不刺激其欲念的情景。

首先要遠離大城市，不要讓他們加速和提早受到自然的教育。當孩子有選擇能力的時候，再讓他們知道享樂。而在鄉村樸素的生活，會讓他們的欲念不過早的膨脹。

因為熱愛藝術而停留在城市的人，要替他們挑選交往的人，挑選日常的生活環境。

欲念是可害的，如果不加節制，會讓我們造成損害。

當我們讓他們看到人間的悲傷，是想讓他們學會感動，而不是鐵石心腸，這恰恰是我們想要的。

對於男性教育的典型愛彌兒，正因他知道要對自己負責，所以他的行為非常的慎重。

人尤其是男人要敢於做有意義的事，少做無聊的事。敢於說出真理，少說廢話。留名青史的羅馬人，便是成功的範例。他們在伸張公理和保護善良風俗中教育了自己。

人生來作為社會成員中的一名，便要履行社會的義務，男人更應如此。在瞭解了人類後，還應瞭解個人。在社會的大舞台上，人在世上應該怎樣生活，該做什麼事情？不該做什麼事情？成了重要的事情。

當看到別人產生情慾時，我們要用智者的眼光去看待，既不會學他們的樣子，也不會受他們的偏見的誘惑。對於走向社會的青年來說，應提防的不是色慾而是虛榮。

因為喜歡一個人所以愛她，但不要因為過分的喜歡而受到她傾向的支配，要由自己的傾向支配，狂妄心理有的是放蕩而不是愛情。

第五章 女子教育

盧梭在本章中集中闡述了關於女子教育的思想。盧梭認為，男女在身體、性格、興趣以及工作內容上都是不同的，所以，所受的教育也應有所不同。從總體上說，男女雙方在各方面都是相互補充、相互依存的。因此，女子教育要考慮女性的傾向和義務，培養女性本來應具備的品質，而絕不能在她們身上培養男人的品質。

女子教育的目的

盧梭認為，如果女人拋棄了淑靜的態度，而去學習那些男人的樣子，那麼，她們不是在遵循而是在違背她們的天職，她們不是在享受而是在剝奪自己的權利。盧梭指出，女人們要學習的東西很多，但她們只能學習那些適合她們的東西。在盧梭看來，女子教育的目的在於，培養一個好女人。

非常明顯，男性與女性在身體、性格、興趣以及工作內容上都存在著差異。所以，男性與女性所受的教育也必須有所區別。

在此之前，我已經盡了自己最大的努力將男性培養成天性自然的男性，現在，我便要探討如何培養女性，從而使她們適合於那種男性。

事實上，如果想永遠按照正確的路線而不至於出錯，那麼，我們就必須始終遵循大自然的指導。而男性與女性所有的兩性特徵，都應該被視為大自然的安排而加以尊重。

身為男性，你一直驕傲地說：「女人們有許多這樣或那樣的缺點，而這些缺點是我們男性所沒有的。」

實際上，你所說的並不是事實。因為，你所說的缺點，正是女性們的優點。如果她們沒有了這些優點，那麼，事情就不可能像現在這樣圓滿。你可以防止這些所謂的缺點演變成惡習，但你絕不能試圖去消滅它們。

女人們也在不停抱怨：「男人們把我們培養成了徒有外表、撒嬌獻媚的人，他們總是拿一些微不足道的小東西來取悅我們，他們這樣做是為了更好地控制我們。事實上，他們所責備的我們身上的那些缺點，完全是由他們造成的。」

事實的確這樣嗎？

男人們什麼時候插手女人們的教育？

男人們什麼時候妨礙過女人們按照自己的意願去教育孩子？

哪一個男人強迫過女人們一定要將時間浪費在那些瑣碎的事情上？

哪一個男人強迫過女人們將一半的時間花費在梳妝打扮上？

又有哪一個男人阻礙過女人們按照自己的心意去教育自己或請他人來教

育她們？

好吧！即使我們出於好心遂了女人們的願，用像培養男人的方法去培養她們，那麼，恐怕高興的不是女人而是男人了。因為，女人們越是想成為男人的那個樣子，她們便越不能駕御男人，反而更容易為男人所駕御。

事實上，男性與女性的能力是互補的。女人以女人的身分做事，效果才會最好；而女人以男人的身分做事，效果必定最差。不管在什麼地方，女人們只要善於利用自己的權利，她們就可以佔優勢。但如果她們竊取男人們的權利，那麼，她們就必定不如男性。

如果我們不去培養女性本來應該具有的品質，而在她們身上培養男性的品質。那麼，這樣做必定是害了她們。

賢明的母親們，請相信我的話吧！

你應該將你的女兒培養成一個好女人，而不是違背自然將你的女兒培養成一個好男人。這樣做，才是最好的選擇。

那麼，由上面的論述，我們不禁產生了這樣的疑問：

一個女人只要她能夠管理家務，是不是就可以對其他一切事物都無知呢？

一個男人應不應該將其伴侶視為奴僕呢？

他會不會不讓她去享受社交的樂趣呢？

他會不會使她沒有一點知識和思想，為的是更好地奴役她呢？

他會不會將她培養成一個聽話的機器人呢？

我的回答是：不會，肯定不會！

因為，大自然使女人們具備了聰慧和可愛的心靈，所以，她肯定不會有那樣的主張。相反，大自然反而希望女人們有思想有眼光，希望她們有所愛有所認識，希望她們像培養心靈那樣去培養身體……所有這一切，是大自然賦予女性最有力的武器，以彌補她們先天的不足。

所以說，女人們有許多需要學習的東西，但她們只能學習那些適合她們學習的東西。

最初的教育

在盧梭看來，即使是小女孩也十分在意別人的看法。所以，等到小女孩能聽懂我們所講的話的時候，我們只要告訴她們別人怎樣談論她們，就能夠很好地管束她們。

事實上，即使是小女孩也非常喜歡妝飾品。

小女孩不滿足於自己長得美，而且還希望別人能夠發現她們的美。

生活中，只要我們稍稍用心，我們就能在她們小小的面孔上看出她們的這種心思。

等到小女孩能聽懂我們所講的話的時候，我們只要告訴她們別人怎樣談論她們，就能夠很好地管束她們。

但是，這種教育方法如果運用到小男孩的身上，就不可能取得那樣好的效果。小男孩只要能夠自由自在地玩耍，他就不會在乎別人如何說他。如果要小男孩受這種法則的約束，那麼，要花比小女孩多得多的時間和精力。

女孩子們這種最初的教育，不論是從哪裡得來的，總之是一種很好的教育方法。

對身體的培養

盧梭認為，對女性的教育首先應該培養身體，而男性和女性對身體培養的目的卻不相同：對男性而言，是培養他長得強壯有力；對女性來說，則是培養她長得靈巧。

我認為，對女性的教育首先應該培養身體，這個次序對男性和女性來說都是相同的。

但是，男性和女性對身體培養的目的卻不相同：對男性而言，是培養他長得強壯有力；對女性來說，則是培養她長得靈巧。

我這樣說，並不是講男性和女性都只能具有獨一無二的品質，而是指這些品質在男性和女性身上應有主次之分。

也就是說，男性也必須有相當的靈巧，做起活來才覺得容易；女性也必須有足夠的體力，做起活來才感到輕鬆。

如果女性的體質過於柔弱，也會使男性的身體日趨柔弱。女性不應該像男性那樣粗壯，但也要強壯得同他們相配合，才能生育像他們那樣健康的孩子。

斯巴達的女性也像男性一樣做軍事體操，她們的目的不是為了去打仗，而是為了將來能夠生育一些可以忍受戰爭艱苦的兒子。我倒不認為，為了給國家培養士兵，就一定要母親們背著步槍去學兵操。但是，我認為，從大體上來說，希臘人在這方面的教育方法是很有道理的。

我們知道，希臘人的衣服很寬大，一點也不束縛身體，因而使他們的男人和女人的身材非常勻稱優美。

但是，如今再也找不到那樣勻稱的身材了。所有一切哥德式的緊身衫和把周身四肢捆得嚴嚴實實的花邊帶，古希臘人是絕對沒有見過的。古希臘的女性也沒有穿過鯨尾式的裙子，可是我們今天的女性卻被這種東西弄得身材沒有了一點兒輪廓。

我認為，她們之所以喜歡這種服式，是由於她們的風尚不好的緣故。

事實上，生命、健康、理性和舒適，應該是壓倒一切的，不舒適的事物絕不會顯得優美。苗條並不等於瘦弱，為了討得他人的喜歡，就不應該有一副不健康的樣子。

一個人生病的時候固然是可以引起他人的同情，但是，要想得到他人的喜歡，就必須長得活活潑潑，身體健康。

現在我們再來看看男孩和女孩的愛好。大體上來說，男孩和女孩都有各自適合自己的愛好：男孩喜歡運動和吵鬧，喜歡推小車、抽陀螺和打鼓；女孩則喜歡好看的和用來化妝的東西，喜歡鏡子、珠子和花邊，女孩尤其喜歡布娃娃，從這一點上可以清楚地看出，女孩的愛好與她們的使命相符合。

生活中，我們常常可以看見：

一個女孩子整天玩她的布娃娃，她一次又一次幫它換衣服，無論她是否擅長，她總是一次又一次地給它佩戴一些新的裝飾。雖然女孩的手指很笨拙，她也沒有養成什麼愛好，但她的傾向已經顯現出來了。

女孩不停地玩著布娃娃，以至於忘記了時間，究竟自己玩到了幾點、玩了多少個小時，女孩並不知道，她甚至忘記了吃飯。

對此，你或許會說：「她所打扮的只是她的布娃娃，而並非她本人。」

事實的確如此，她注意她的布娃娃而並非她自己，她對自己還不能做任何事情，她還十分幼小，她還沒有能力也缺乏體力。

但是，她不會永遠停留在這種狀態，事實上，她在等待她自己成為布娃娃的那一刻。

很顯然，這是一個必然的傾向，你只需要注意她的發展，加以引導就可以了。

實際上，小女孩心裡所想的只是如何打扮她的布娃娃，如何給它圍個小裙子或打個蝴蝶結，所有這一切，小女孩都要尋求他人的幫助，所以，小女孩常常心想「要是我自己會做就好了」。

其實，人們之所以一開始就教她學這些東西，目的就在於此——讓她有學習的主動性。

事實上，幾乎所有的小女孩都不願意學習讀書和寫字。但是，當她們把針線拿在手裡的時候，她們就學習得很起勁。她們以為自己已經長成大人，高高興興地想像著她們終有一天會用這些本領打扮自己。

將這第一條道路打開之後，就很容易前進了。接著，她們就會自己去學做瑣碎的化妝品，學繡花和打花邊。

到此，以上所有的努力都沒有白費，因為我們的目的在於培養小女孩靈巧的身體，而要順利達到目的，就必須合理地引導她們自覺自願地學習這些東西。

明白做事情的意義

盧梭認為，我們不能強迫女孩子們去做她們不明白其用處的事情。也就是說，我們必須把我們叫女孩子去做的事情的意義給她們講清楚，這一點非常地重要。

關於女子教育，有一點非常重要，即我們不能強迫她們去做她們不明白其用處的事情。

也就是說，身為母親要善於向她們指出，我們讓她們所做的事情有什麼樣的用處。

事實上，因為女孩的智力比男孩的智力成熟得早，所以，我們將很容易做到這一點。

根據這個原理，女孩不僅不應該去研究那些既沒有什麼好處，而且也不可能使從事研究的人感到愉快的、無聊的學問，甚至連那些她們在目前這個年齡還不明白而必須等到年歲稍長以後才能明白其用途的學問，她們也是不應該去研究的。

關於讀書，我認為，我們不能在沒有使女孩子們明白讀書的用處之前，就硬要她們去讀書。

我要問，一個女孩子有什麼必要在那樣小的年紀就要學讀書和寫字呢？難道說馬上就要叫她去管理家務嗎？

實際上，所有的女孩子都極其好奇。所以，只要她們一有餘暇和機會，她們用不著你去強迫，也是要學讀書和寫字的。

或許，女孩子們首先應該學習算術，因為，算術極其有用，而且需要很多的時間練習，此外，算術很容易發生錯誤。

倘若一個女孩必須做一道算術題才能夠吃櫻桃的話，我相信，這個女孩一定很快就能做出這道題。

我就認識這樣一個小女孩，她是先學習寫字，然後才學習識字的，而且一開始，她是用針寫，然後才用筆寫的。

在所有的字母中，小女孩開始只喜歡寫「O」。她不停地寫「O」，寫完大「O」又寫小「O」，寫完粗「O」又寫細「O」，在一個「O」裡又寫另外一個「O」……然而，有一天，小女孩正在做這個有意義的練習的時候，她在對面的鏡子裡看到了自己的樣子，她覺得自己的姿勢難看極了。於是，她將手中的筆扔掉，從此以後再也不寫「O」了。

不得以，大家只能另想了一種方法才使她又重新練習寫字。

原來，這個小女孩非常嬌氣，她不願意她的妹妹穿她的衣服，所以，之前家人幫助她在她的衣服上都做上記號，而現在，家裡人再也不幫助她做記號了。因此，她只能自己動手，她以後進步的情況如何，大家可以清楚地想像到。

總之，我們必須把我們叫女孩子去做的事情的意義給她們講清楚，這一點非常地重要。此外，我們必須要求她們將那些事情做好。

培養勤勞和約束的習慣

在盧梭看來，懶惰和桀驁不馴是女孩子的兩個最危險的缺點。所以，女孩子必須培養勤勞和約束的習慣。

在我看來，懶惰和桀驁不馴是女孩子的兩個最危險的缺點，而且，女孩子一旦有了這兩個缺點，就很難改正過來。

女孩子們應該做事心細和熱愛勞動，此外，她們從小還應該受到約束。

實際上，女孩子的一生都在受到最嚴格的約束——種種禮教和規矩約束著她們的一生。

女孩子們必須首先使自己習慣於這種約束，如此，她們才不會感到被約束的痛苦；女孩子們必須使自己習慣於控制她們種種胡思亂想，以使她們能夠保持優秀的品質。

倘若她們整天都想幹活的話，我們應該在某些時候強迫她們什麼事情也不做。倘若她們最初有了某些不良的愛好或愛做什麼事情就沒完沒了，那麼，她們就容易產生輕佻放蕩和反覆無常的毛病。如果要防止這些弊病，最重要的就是要教育她們自己克制自己。

那麼，如何防止女孩子們厭惡工作而只知道玩樂呢？

事實上，採取一般的教育方法便很容易使她們產生這種貪玩而不願意幹活的缺點。因為，這種教育方法一方面使女孩子感到十分厭煩，另一方面又使她們只貪圖享樂。

我認為，這兩個缺點中的第一個缺點，只有在女孩子們不喜歡她們周圍人的時候才會發生。

如果一個女孩子喜歡她的母親或她的朋友，那麼，即使她整天與她們在一起工作，她也不會感到厭煩。

但是，如果她非常不喜歡那個管理她的人，那麼，她在那個人面前做任何事情都不會感到痛快。

生活中，有些女孩覺得與母親在一起，不如與其他人在一起快樂，令人擔憂的是，這樣的女孩子很難變成好女孩。

不過，要辨別她們真正的情感，就必須對她們的情感進行研究，而不能單憑她們所說的話，因為，她們會甜言蜜語地說一番假話來掩飾她們的思想。

我們也不能規定她們必須要愛她們的母親，不能說由於女孩子有服從母親的義務，就必須要對她們的母親產生愛。

事實上，只要母親不使她的女兒討厭她，則她對女兒的愛護、照顧和平日的習慣，就會使她的女兒愛她。而一個母親即使管束她的女兒，只要管得恰當，則不僅不會減少反而會增加她對母親的愛。

由於女孩子只能夠有很少的自由，所以，她們往往過分地使用人們讓她們所享受的那點自由。她們處處都表現得很極端，甚至做遊戲的時候也比男孩子做得起勁，這就是我剛才所說的第二個缺點。

這種缺點必須加以制止，因為，它將造成女孩子們所特有的幾種惡習，例如任性和入迷，一個女人如果有了這些惡習，則她今天雖然喜歡一樣東西喜歡得不得了，而一到了明天，也許連瞧都不瞧它一眼。

對她們來說，好惡無常同做事過分一樣，是極其有害的，而這兩種缺點都是由同一個原因引起的。

我們不應該不讓她們歡歡喜喜、笑笑鬧鬧地做頑皮的遊戲，但是，我們要防止她們為了去做另一種遊戲便厭棄這一種遊戲。必須使她們在一生之中時時刻刻都要知道有所約束。

要經常使她們玩得正高興的時候，可以馬上停止，毫無怨言地去做另外的事情。要做到這一點，只要養成習慣就行了，因為習慣可以變成第二天性。

培養優秀的品質

盧梭認為，作為女子，需要具備終身受用的優秀品質。像溫順、溫柔、體貼、細心等。這些重要的品質，會讓女子變得更加的風度優嫻、舉止大方、聲音動人、步履輕捷……

由於養成了受約束的習慣，女性形成了一種溫順的品質。這種溫順的品質，使女人永遠聽從男人的評判。

溫柔是女人必備的第一個重要品質。女人之所以溫柔，不是為了男人，而是為了自己。

做為妻子，如果潑辣和無理的話，只會增加自己的痛苦和丈夫的惡行。男性應當保持男性的態度，女性也應有女性的態度和行為。

當女人是女孩時，她應是乖乖地聽話的。當女人做為母親時，就應該有母性的通人情事故。

當做為母親時，我們要因地置宜，因材施教。不應為了使小女孩變得溫順而折磨她，也不應為了使她彬彬有禮而採取粗暴的態度。

女性有一種自然的秉賦是狡黠，我認為我們應當像培養她們其他的天性一樣，培養這種秉賦。

對於這種做法只適合小姑娘而不適合婦女們。因為種種清規戒律，已經使婦女們變的十分奸詐。

對於孩子來說她們的做法，是十分天真的。

曾有這樣的一個例子。一個小女孩，她的家人嚴格禁止她要東西。一天在餐桌上，她發現所有的菜她都吃過，只有一份菜她非常想吃，而比時大家卻忘記給她了。

這個小女孩非常機靈的用手指著她沒吃的那盤菜說，所有的我都吃過，除了這盤菜。

聽完這個故事你有什麼想法，誰能說，小女孩是要東西。

上帝是公平的，它讓女性的機靈，彌補了她先天在體力方面的不足。否則，女人不是男人的伴侶而是他的奴隸。

女人有不利的地方，如同男人有缺點一樣。女人的不利表現在她本身的羞怯和柔弱。

女人同樣有許多有利的地方，例如才能和容貌。但女性所有中真正的資本是，「機智」。這理講的「機智」是善於適應其地位的機智。

女人的這種機智可以被看成一種藝術。沒有它家庭會混亂，男女的交際會無味，孩子會在丈夫的粗野中長大。

這種機智適合聰明的女人，而不適合狡猾的壞女人。這種機智有時候是自然存在的，自然存在的東西都是美好的，我們不能因為這種創造幸福生活的手段有害，而把世上自然的東西都給毀滅。

一個女人要獲得別人的喜愛，是依賴她的人品。而不是穿戴妝飾品。所以，我們要讓她們明白，妝飾品只要掩蓋缺點就行。美，源自本身的氣質。

對於一個年輕的女孩子，如果她用豔麗的服飾來打扮自己，在我自來，那太累贅了。

此外，儘管裝飾有時是必要的，但沒必要非穿華麗的衣服。

如果要打扮，有時也需用心去考究一下。至於，那些奢侈品實際上是沒必要。

對於一個有審美力的小姐而言，即使你給帶粗布、麻紗、誘花、絲帶，她也能做出比美杜沙的緒羅綢緞，還漂亮百倍的衣服。

年輕的小姐本來是沒有什麼可打扮的，她們的時間，應該更多的用在工作和學習上。

婦女一般比較喜歡打扮，婦女之所以過分的打扮，而是生活的無助兒並不是愛好虛榮。

具有審美性的女人，在穿服裝方面不像那些，不知穿什麼樣式衣服漂亮的女人那樣花費許多的時間。

事實上，過分梳裝打扮的女人，得到的益處是不像她們想像的那樣多的。據說，正因為梳裝打扮，那些小商販、小白臉、小作家、小詩人、小歌唱家才得以聚集在一起。

所以，女人應該受到女人的教育，讓她們懂得女性的工作，為人謙遜，這樣在穿著方面也就雅緻好看了。

女人的才能不僅僅是針線活兒，她們應該有一些新的才能。

正在向上成長的女孩子，應該瞭解真正的漂亮是舉止大方、步履輕捷、風度優嫻、聲音動人、行動穩健……

在嚴肅教師的眼裡，女孩子只能拿工作和祈禱做消遣內容，不應學喝歌、跳舞。

不同的東西適合不同的性別，不同的東西也應適合不同的年齡。

在女孩子時的那個年齡階段，就應該活潑的玩耍、天真的幻想、高興的跳舞、歡快的喝歌、無邪的游泳。而不應像祖母那個階層一樣去算計著過日子。

基督教的教義過分的強調清規戒律，使婦女被這些戒律所束縛。這使婚姻束縛女性的同時也冷落了男性。

她們採取了許多辦法阻止婦女變成可愛的人，強迫丈夫變成冷落無情的人。

女人應該學會許多優良的本領，使丈夫感到欣喜，使自己感到精神的富足。

這些本領可以使一個家庭幸福、快樂，可以使家人互相信任、彼此和睦，家裡到處都會洋溢著溫馨、溫暖、溫情。

許多的技藝被人們搞得太重形式、太一般化了。弄得世間到處都是呆板和做作。

我怎麼都不相信，同樣的表情、步法、動作、姿態和舞蹈，能夠既適合小姑娘表演，也適合婦人表演。

如果老師毫無區別的教這兩種人相同的功課內容。那麼，她永遠培養不出藝術家，她自己本身也只不過是一個照本宣科的常人而已。

女孩子喜歡學什麼就去學什麼，自由自在的生活，但並不是說向城市中轉來轉去的江湖藝人學習。

在以娛樂為目的的藝術中，女孩子的老師有很多人，她都可以向她們學習。例如她的父親、母親、兄弟、姐妹、親戚、朋友等。

在女孩子的學習中，尤其值得注意的是，她們的興趣，興趣是一件事情成功的第一步。

「熱心」和「才能」，能夠塑造審美能力。人只有具備一定的審美能力，才能接納各種美的觀念。並且最終，接受同美的觀念緊密相連的道德觀念。

說話藝術，是所有藝術中的基礎，透過它，人的感官能獲得樂趣，從而使心靈充滿活力。

心靈的語言藝術，可以使人長久地集中連續地注意於同一個目標。

女人比男人開始說話早，而且學得快說得好。

男人說話需要知識儲備，目的是講述有意義的事情。女人說話需要風趣，目的是講述有趣味的事情。

男人和女人說話有一個共同點，即說話要真誠。

幼年時期的女孩，不能分辨善惡也不能判斷別人心意。她們只牢記一種法則，說使人喜歡的話不撒謊。

從天性上說，女孩子很厭惡粗魯。所以，教育可以輕易地教會她們如何把這種行為避免。

在人際交往中，男人的禮貌表現在給人以幫助，女人的禮貌則表現在體貼上。這是自然而然的形成的，不是社會的習慣。

所以，女人要做到彬彬有禮，懂禮貌，是一件相對容易的事情。但女人對女人的禮貌，則是另外一件事。她們之間的關係顯得拘束和冷淡。

對於年輕的女孩子之間，卻存在著真誠和友誼。快樂活潑的心情，可以發揮善良的天性所有的作用。

一個女孩子具備什麼樣的品質，才能獲得榮耀和幸福。這需要我們告訴她，但告訴的方法卻很有學問。

我們要讓她們多談話，啟發她們的心靈和口才。談話的內容要加安排和引導，吸引她們的興趣，這樣會在她們心裡植入終身受用的良好道德教育。

信仰的教育

我們不必培養孩子學習所有的教義，只要讓他們學幾條與道德修養有關的教義，讓他們意識到上帝就在他們面前，讓他們的行為、思想、美德和歡樂都被上帝所見證。總之，真正的宗教信仰是一生中都保持將來她們在上帝面前出現時的那種快樂心情。

我們應該在孩子很小的時候，就對他們進行宗教信仰觀念的灌輸，因為如果等到她們能夠接受這些哲理性時，我們將很難有機會告訴他們。

通常男孩們要比女孩們接受宗教觀念快，因為女性是一種實踐理性思維，此種思維的特點是能夠實現既定目的的手段，但是卻找不到目的。

由於兩性社會的關係，使得他們二者相互彼此依賴，女人學習男人的探究原則；男人學習女人細緻的頭腦。正是兩者之間的互補才使他們朝著同一個目標奮進，所以雙方都相互支持、服從，兩人的社會地位完全相同。

由於女孩子不能真正理解宗教觀念，並且所處的地位差異，使得女性的行為要受輿論的約束和監督。這樣的社會環境，就要求所有女孩子都在把自己母親的信仰作為自己的信仰，同時也說明了妻子的信仰要和丈夫保持一致。即使這種宗教是虛假錯誤的，但是因為天性的溫順使得她們接受自然的秩序，把父親和丈夫的話看成既定的教義。

由於女性受到各種各樣外力的影響，使得她們不能按照自己的意願選擇宗教信仰，也就更無法用理性的法則驗證指導自己的信仰。這樣就會很容易走入誤區，因為她們無法明辨真偽又一味地追隨信仰。造成的原因不僅是女性的性格所致，更重要的還是男權沒有正確的引導自己的親人。

女性的信仰大多是聽從別人（丈夫、母親）來決定的，所以信仰的模糊使得她們論為盲從，沒有辨別其中利弊的能力。與其向她們講解信仰理由，不如讓她們直接信仰宗教來得容易。

為女孩子講解宗教，千萬別要求她們做任何關於信仰的事務，只要讓她們看見你在按時禱告，並用簡短的句子念禱告詞，態度嚴謹、精神集中。

以身作則是成功教育孩子的良好方式，一旦你沒有履行宗教的義務，那麼將無法讓她們聽從你的講解，所以講師應該和孩子們一起理解關於宗教的種種約束，以便於讓這些女孩子從小就懂得理解宗教、熱愛宗教。

為孩子講解宗教教義最好的方法就是直接教授，這樣他們回答的答案可能就是發自內心的想法。如果是拿講義教授孩子們，他們不可能理解老師講解的東西，但是又必須說出他們無法理解、相信的答案。

教義問答課本中的第一個問題是：「創造你並且把你帶到這個世界上來的是誰？」儘管小女孩明知是她的媽媽，但她卻毫不猶豫地回答說是上帝。她心裡關於這個問題所明白的只有這一點，那就是她對這麼一個似懂非懂的問題，作了一個她自己根本不懂的回答。

我始終認為宗教教義不適合進入兒童心靈，因為它不懂得兒童的接受能力，所以我一直期望能夠有作家專門寫一本適合兒童的教義。這本教義不必事先讓孩子照著答案回答問題，而是讓他們暢所欲言，甚至有的時候可以提出他們想知道的問題。

要我想新的教義問答課本大致應當以如下的方法開始提問，才有可能得出我們教義問答，課本中第一個問題的正確答案。

阿姨：你能夠記得當你媽媽是女孩的樣子嗎？

小女孩：我不可能會記得，阿姨！

阿姨：我認為你的記憶力非常強，怎麼可能不記得呢？

小女孩：因為那時候我還沒有來到這個世界上呀。

阿姨：那就是說你還沒出生呢，對吧。

小女孩：對。

阿姨：你認為自己會長生不老嗎？

小女孩：會的。

阿姨：你感覺自己現在是年輕還是年老？

小女孩：年輕。

阿姨：那奶奶呢？

小女孩：她已經進入年老階段了。
阿姨：你感覺她曾經年輕過嗎？
小女孩：是的。
阿姨：為什麼她現在就不年輕了呢？
小女孩：因為她已經年紀老了。
阿姨：那你認為自己將來會像奶奶一樣變老嗎？
小女孩：我不知道。
阿姨：你為什麼不穿去年的衣服？
小女孩：因為我穿起來太小了。
阿姨：為什麼會小呢？
小女孩：因為我已經長大了。
阿姨：你還會繼續長大嗎？
小女孩：哦，是的。
阿姨：女孩子長大了，會成為什麼樣的人呢？
小女孩：成為女人，然後變成媽媽。

阿姨：變成媽媽以後又會怎樣呢？

小女孩：會老的。

阿姨：你會從年輕變老嗎？

小女孩：等我做了媽媽的時候，我也會變老的。

阿姨：那等我們老了之後又會怎樣呢？

小女孩：我不知道。

阿姨：你爺爺為什麼會去世呢？

小女孩：因為他已經很老了。

阿姨：老年人都會死掉嗎？

小女孩：他們都會死的。

阿姨：那你自己呢？

小女孩：啊，阿姨！我不想死。

阿姨：寶貝，誰都不想死，但是這是大自然的生存規律，我們無法改變。

小女孩：為什麼？難道媽媽也會死嗎？

阿姨：無論任何人、奶奶、爺爺、爸爸、媽媽都會變老，繼而去世死掉。

小女孩：阿姨，如何才能晚一些時間變老呢？
阿姨：那麼，我們從小就要好好地做人。
小女孩：我以後一定會好好要做人。
阿姨：很好。不過，你以為你能永遠活下去嗎？
小女孩：我會盡最大的努力讓自己慢慢地變老。
阿姨：怎樣呢？
小女孩：阿姨，當我們變得很老的時候一定會死掉嗎？
阿姨：總有一天你會死的？
小女孩：哦！天哪！我想也是這樣。
阿姨：你的上一輩人是誰？
小女孩：爸爸和媽媽。
阿姨：他們的上一輩人又是誰呢？
小女孩：爸爸、媽媽的父母。
阿姨：你的下一輩人是誰呢？
小女孩：我的孩子。

阿姨：他們的下一輩人又是誰呢？

小女孩：他們的孩子。

經過細密的推理和歸納，我們可以追詢到人類的起源和結束。只有經過一長串的問題作為充分的準備，才能夠讓孩子們理解教義問答課本中的第一個問題，在這個時候孩子才能真正明白。

那麼有關神性的定義怎樣讓孩子明白呢？我們不能讓一個連大人都弄不明白的晦澀問題讓孩子思考。所以我將簡單地說：「上帝是我們聽不見、看不見和摸不著，只能透過他所做的事來認識他。

人類社會每一個成員都要認識到上帝的法律所要求自己必須完成的種種義務。我們彼此之間也要時時互相教誨，尤其是為人父母的人更應該認真拿這一點來教育自己的子女。

教義在某些地方表現看起來是真實重要的，但是，我認為記住復活節、按時做禱告，守大、小齋更為重要，因為它們是從內容上來認識教義，而非形式。

每一個人都應該知道人類的命運有一個主宰，這個主宰就是我們的上帝。他要求我們彼此相愛、公正做人，而且善良與慈愛地與每一個人相處，遵守約定和信約，今生和來生都要遵守教義，那麼上帝就會在來生獎勵善良的人，懲罰有惡的人。

毫無疑問，違反這些教義的人就應當受到懲罰，因為這樣的人將干擾整個秩序，成為社會的公敵。誰要是背棄這些教義，強迫我們接受他個人的看法作為我們的看法，也會有相同的結果。

與其研究那些神祕的教義，不如研究幾條與道德修養有關的教義，這樣才能使他們變成好人而非瘋子。同時，必須讓他們認同這些行為真正的教義能夠提高他們的能力和知識，是有必要值得學習的。

與上帝有關的知識，只要把能夠促進人類智慧進步的部分告訴他們就足夠了，並且要對她們不斷地宣傳、講解，上帝愛善而誠心向善，上帝會補償他們因向善而遭受的痛苦。

總而言之，具有了這種上帝信仰，我們就不會產生任何邪惡的意識和狂妄的行為。所以社會就會相對安定，人們的感情也會相互增進，這一切都來源於信仰的教育。

附錄

盧梭的信

致伏爾泰先生：

先生，我在寂寞的時候收到了您最近的詩作，我的朋友們都知道我喜歡您的作品，但我至今仍然不知道是誰將您的作品寄給了我，想來應該是您自己。

拜讀您的作品，我既覺得高興，又感到受益匪淺，領略了大師的手筆。我不想告訴您，您的詩作處處精彩，但那些令我不悅的地方使我更加信任令我情不自禁的地方。有時候，我花了很大的力氣才守住我的理智，才強迫自己不去全盤讚美您的作品。

先生，在此我將對您直言不諱，我不準備將在這兩首詩中體會到的美告訴您，我也不想提那些比我高明的人也許看得出來的缺陷，我只是想說說此時此刻令我氣惱的事情，這些事情攪亂了我的情緒，讓我無法安心聆聽您的教誨。

我忘情地傾聽您的心聲，還像兄弟般地愛著您，像恩師般地敬重您，您將把我良苦用心看成一顆正直心靈的坦率之舉，而在我的言論中如聽出真理之友與哲學家交談的語氣，會更使我深感欣慰。

此外，您的第二首詩越令我欣喜，我就越能不受拘束地批評您的第一首詩。因為既然您自己不怕自相矛盾，那我和您的觀點一致，又有什麼要害怕呢？我覺得您是不太在意那些遭到您如此駁斥的情感的。

所以說，我的責備都是衝著那首談論里斯本地震災難的詩而來的，因為您的詩似乎受到人道精神的啟迪，我原本期待詩歌產生與這種情感相得益彰的效果。

然而，您並沒有帶來我預期的安慰，而是使我更加難過。因為，您譴責蒲柏和萊布尼茨聲稱萬事皆善，侮辱了我們蒙受的災難。事實上，您將我們的處境描繪得慘不忍睹，反而加劇了悲慘的感受。

您的詩作讓我們不由得覺得，您似乎怕我們不知道自己有多麼地不幸，您似乎在向我們證明一切皆惡。

先生，您一定要清楚：一切都與您的願望背道而馳！

蒲柏的詩緩解了我的痛苦，使我變得有耐心；您的詩撩撥我的痛楚，我忍不住呻吟，它奪走了我的一切，連同搖搖欲墜的期盼，把我逼入絕境。

您的論斷與我的感受形成奇怪的對立，請打消我心中的惶惑吧，告訴我誰在濫用感情或者理性。

「人啊，請你耐心些。」蒲柏和萊布尼茨對我說，「你的痛苦是你本性以及這個宇宙構造的必然結果。仁慈永恆的上帝主宰你的命運，護佑你免受苦難。他從各種可能的布局中，挑出害處最少而益處最多的結構，或者說，假如上帝沒有做得更好，那是因為他做不到更好。」

那麼，您的詩作告訴了我們什麼呢？

事實上，您的詩作告訴我們：「不幸的人啊！苦難將永遠伴隨你。倘若是上帝造就了你，那麼，上帝就是無所不能的，他本可以免除你的一切苦難，可他並沒有那樣做。因此，苦難將永無止境地繼續下去，因為，你活著就是為了受苦和死亡。」

真的無法理解，這樣的理論能帶給人什麼樣的安慰？

至於我本人，坦率地說，我認為它比善惡二元論更為殘酷。雖然痛苦的本原使您左右為難，迫使您扭曲上帝的某些美德，可是為什麼證明上帝威勢要以損害它的仁慈為代價呢？如果必須在兩個錯誤之間抉擇的話，我寧可選前者。

先生，您不願意別人把您的詩看成拂逆天意之作；我也不想給它冠上這種名稱，儘管您把我寫的一本控訴人類、為人類辯護的書稱為反人類之作。我知道應當把作者的意圖和作者的主張，可能導致的後果區分開來。我被迫正當地自我防衛，我只想提醒您，我描寫人類悲慘處境的動機是可以寬恕的，甚至值得稱頌。我是這樣認為的，因為，我告訴人們他們如何造成了自己的種種不幸，因而如何避免它們。

我覺得道德痛苦的源頭只能在自由的、完善的、呱呱墜地時已經墮落的人身上尋找。至於肉體的痛苦，儘管物質的敏感與遲鈍構成一對矛盾，在我看來，凡是有人類參與的體系中，這種痛苦是不可避免的，此時的問題不在於：為什麼人類得不到完全的幸福？而是人類為什麼存在？而且我覺得我已經證實過，除了死亡——只是此前的各種準備才使他勉強成為痛苦，我們大多數的肉體痛苦還是我們自己造成的。

還是以您的主題里斯本為例吧，您得承認，大自然並沒有在那兒聚集兩萬棟七到八層的樓房，假如這座大城市的居民分佈得更加均勻一些，住房分散些，損失就不會如此慘重，甚至毫髮無損。大地稍一晃動，人們就可以四下疏散，第二天我們會在二十公里開外的地方與他們重逢，大夥高高興興，就像什麼事都沒發生過那樣。

然而，人們不得不留下，固執地守著破屋子，哪怕大地會再次顫動，因為留下的家產遠比能帶走的值錢。

有人想取自己的衣服，有人想拿證件材料，還有的去拿自己的錢，結果多少人在這場災難中不幸喪生？

先生，您希望地震發生在沙漠深處，而不是在里斯本。人們可以懷疑沙漠不發生地震嗎？可是我們不提那些事兒，因為它們傷不著我們唯一看重的城裡紳士們，地震甚至傷害不了散居在偏僻地方的動物和蠻荒人，它們不怕屋頂坍塌，房屋起火。

可是這種得天獨厚的境遇又說明什麼呢？是否意味著世界的秩序應該跟

著我們的性子變，大自然必須屈從於我們的法律，為了禁止在某個地方發生地震，我們只要在那兒造一座城市就行了？

經常有些事件在或多或少地打擊我們，打擊的程度隨著觀察的角度而變化，有一些乍看令人毛骨悚然的情況，如果仔細考察的話，就會緩和許多。我在《查第格》裡讀到，而且得到大自然日復一日的證實：過早夭折不一定真是一件痛苦的事，有時候會有一定的好處。那麼多人倒在里斯本廢墟底下，其中肯定有不少人因此避免了更大的不幸。儘管這種描寫催人淚下，給詩人提供了素材，但是，假如這些倒楣人按照自然規律，在漫長的焦慮中等待死神的突然降臨，那麼他們所受的折磨，沒有一個會比現在少。

在彌留之際被人無謂地施藥，公證人、繼承人巴不得他早死，躺在病床上任醫生宰割，野蠻的神甫巧妙地讓他飽嘗死亡的滋味，難道有比這更為悲涼的結局嗎？

對我來說，我到處都看到，大自然強加在我們頭上的痛苦遠不如我們自己添加的那麼殘忍。

一七五六年八月十八日

致雅各布維恩先生：

先生，您委託我與達朗貝先生所進行的事情，我一直沒有機會去實現，因為我們很少見面，而且現在又失去了書信聯繫。此外，我最近獨自居住，與巴黎也失去了聯繫，所以，我對巴黎的近況一無所知。

再說一說您所提到的文章，我想，即使它不夠嚴謹，甚至因此會遭到指責，但我知道，它肯定不會是有意攻擊他人的。

可是，如果文章無意中傷害到了你的聖職人員，我想你的聖職人員們一定會對它做出很好的反應。

老實說，我對其中所涉及到的細節十分厭煩，我也十分不喜歡在信仰上讓某人屈從於程式。

事實上，我有自己的宗教信仰，而且在我看來，世界上沒有任何人比我更需要宗教信仰的了。

此外，我相信我宗教信仰的堅定，即使我常常與非宗教信仰者相處，也絲毫不能動搖我宗教信仰的決心。

對於非宗教信仰者，我尊敬他們，但我的信仰與他們的信仰不相容。實際上，我經常聲明，雖然我不清楚如何與他們鬥爭，但我會始終堅持我自己的立場而不動搖。

對於哲學而言，在這些方面是無邊無際的，而且缺乏基本概念與原理。哲學只不過是無數的不確定和疑惑。

所以，我聽任理性自然發展。換言之，支配我的信仰的內在情感不為理性所左右。我讓他們自行安排他們自己的機遇以及必要的動作。就在他們憑藉骰子的一擲來建造他們的宇宙時，我卻在注視其目的的統一性，這告訴我，儘管他們反對，但獨一的創造者總是有的。

就像他們以前所說的那樣，伊利亞特就只不過是靠隨意投擲字母而構成的，我卻斷然對他們說：這種事情是可能的，但絕不會是真實的，除了我不相信這些外，我舉不出任何理由說明我為什麼不相信他們。

他們認為，我這是一種偏見。好吧！就算如此，雖然這有些粗暴，但理性對這種比它自己還具有說服性的偏見又能起什麼作用呢？

至於精神和物質有什麼差別的問題，爭論是無休止的。但我深信，一棵樹和我的思想之間沒有什麼是相同的。

然而，看到他們為自己詭辯，以致於寧可賦予石頭以意識，而不願意將靈魂交付給人，我不禁感到有趣。

朋友，我相信上帝，如果我的靈魂不能永生，那麼上帝就不公正了。我認為，你在宗教方面，在這一點上，擁有了基本的有用的論據，餘下的就由爭論不休的人去爭論吧！

對於永恆的懲罰，我認為這與人的弱點，與上帝的公正都是不相協調的，因此我摒棄它。

誠然確有一些心靈黑透了的人，我也無法理解他們怎會享受永久的天福，這是一種只有對自己感到滿意時才會有的甜蜜的感情。

這使我懷疑，壞人的靈魂是否在人死時就毀滅掉了，存在和意識是否就是對有道德的生活的報答。

儘管如此，這些對惡人的未來又有什麼意思呢？

在我的生命將結束時，我想到自己在世上受了眾多的苦難後仍有希望繼續愉快地生存下去，我就心滿意足了。即使我為此希望所欺騙，這希望本身就有好處，使我能較輕鬆地忍受一切苦難。

我平靜地等待現時仍對我隱蔽的真理能給我以啟示。

我確信，即使美德並不總能使人幸福，但沒有美德，人們也絕不可能幸福地生活。

我確信，正直的人忍受苦難不是得不到補償的。

我確信，清白人的眼淚較之惡人子孫的眼淚更會使人的心靈感到欣慰。

一七五八年二月十八日

致迪．帕克先生：

您好！

首先，在此向您說聲抱歉。我早已收到您的來信，但由於我身患重病，一直遭受著病痛的折磨。所以，給您的回信直到今日才提筆，望見諒。

因為我痛恨虛偽，所以我熱愛真理。尤其是道德方面，但我不是特別喜歡玄學方面。

如果您覺得我不夠真誠，那一定是這點在作怪。

我確信有益於我們的多數真理，都是唾手可得的。但我卻未見到玄學真理在這方面有可及之處。

如果玄學真理是可及的，我也會同樣地熱愛它。

先生，我不會根據我所不知的真理，改變自己的決定。

你的著作可能證明所有哲學家所許諾要證明，事實上從未證明的道理。

你的自信給我留下了深刻的印象，我發現你的寫作如此穩健又令人滿意。

由於我的目光短淺，如果在你的哲學中，有些重要的東西，或在本不能看到真理的地方看到了真理，我不會感到意外。

我認識的真理是非常可愛的，但會讓人有優雅的心情。

我還是要說明一下，如果我的觀點被絕對的證實，你的觀點就不會對我有所干擾。

說實話，我自己不是完全的自信。我不知道，我知識的不足是不是有利於我求取知識。

先生，你指責我自相矛盾，並找到了某種解釋，或者說是解決的辦法。

當你要我做辯護時，我難以做到。相反，我要大膽地批評你的著作。

在有些地方，我可能是錯誤的，但是錯誤並不等於犯罪。

對於你提出的另一個要求，就嚴肅事件提出進一步忠告，我給你的答覆，可能令你失望。因為作者所要求的，一般不是忠告。

我要指出，在你的作品中發現的真理，是所有哲學家共有的，並非你一人所獨有。

我還要說一句，一本書在出版前，就應該對它產生的效果進行分析。對好與壞、有益與無益進行比較。

好書與壞書就取決於以上那兩點中誰占主導地位。只考慮一本書包含的優點是不夠的。

先生，最後我想對你本人談點看法。

年輕人喜歡冒險，但是對於一個成熟的人，危害別人的休息便毫無意義了。

福特納爾先生曾說：「沒有一本書給作者的愉悅超過給他的煩惱。我建議你看看那個你出版的書何他求教的人！

先生，衷心地祝賀你！

一七六一年六月二十五日

致日內瓦羅米利：

愛屋及烏是所有人共同的特點，我因為尊敬你的父親，所以對你也有一些瞭解，因此我們雖然不曾認識，但是我仍然很喜歡你，而且值得相信的是，我對你的感情至多不少。

讀過你的頌歌，發現它有很深的寓意，具有年輕人的活力，有些詞句運用的很好，比喻同時用詞也非常精準、巧妙；同時我也提幾點小的意見，有些詩過於矯揉造作，缺少自然風韻，有些詞句過於晦澀難懂，缺少通俗易懂的詞句。

親愛的日內瓦羅米利，這些都是我個人見解，我用最衷真的語言表達，並向你致謝，同時我從你那得到的東西要比你給我的多，這一點是毫無疑問的。

從你的詩中，我看出你非常有才華，並且深信你會在自己從事業中創造出輝煌的成績。但是為了長遠幸福打算，如果你想像你父親一樣楊名於世、備受矚目，最好還是從事你父親的職業。

工作量不大，生活簡單有規律，心情平靜和身體健康，這些都是生活幸福的基礎，比起知識和榮譽更具有重要的價值。換而言之，如果你能培育文人的才華而不學習他們的偏差意見，尊重你所認為有價值的東西，那麼你就要繼續堅持自己的選擇。

有一點，我不得不說，我認為你信中的結屬對富人過於苛刻嚴厲，你自己可能沒有意識到。因為富人從出生到成功的過程中，生活上就比我們常人需要的多。所以，一旦他們落魄，他們將無法承受那些災難或困境。相反而言，窮人因為適應了這種窮困的生活，所以一切痛苦對他們來講就不足為奇了。

我們應該對待世界上所有的人都公正、公平，即使是那些惡罰的人。倘若我們具有美德而沒有指責邪惡的正義，我們也可以放棄一些罪惡的人，視他們不存在，那麼他們很快就會有求於我們。最後補充一句，為了有權鄙視富人，我們最好節約，不過分追求財富。

再見了，親愛的羅米利，衷心地祝願你，事業有成。

盧梭名言

- 人生的價值是由自己決定的。
- 人生而自由，但卻無時無刻不在枷鎖之中。
- 浪費時間是一樁大罪過。
- 一切學科本質上應該從心智啟迪時開始。
- 向他的頭腦中灌輸真理，只是為了保證他不在心中裝填謬誤。
- 德行啊！你是純樸的靈魂的崇高科學。
- 節約與勤勉是人類兩個名醫。
- 在人的生活中最主要的是勞動訓練。沒有勞動就不可能有正常人的生活。
- 問題不在於告訴他一個真理，而在於教他怎樣去發現真理。
- 當一個人一心一意做好事情的時候，他最終是必然會成功的。
- 成功的祕訣，在永不改變既定的目的。
- 散步促進我的思想，我的身體必須不斷運動，腦筋才會開動起來。
- 奢侈的必然後果——風化的解體，反過來又引起了趣味的腐化。
- 在寂寞無聊中，一個人才能感到跟關於思想的人在一起生活的好處。
- 裝飾對於德行也同樣是格格不入的，因為德行是靈魂的力量和生氣。
- 你知道用什麼方法一定可以使你的孩子成為不幸的人嗎？這個方法就是對他百依百順。

盧梭名言

・我們要避免我們的義務與我們的利益發生衝突，避免從別人的災難中企望自己的幸福。

・做老師的只要有一次向學生撒謊撒漏了底，就可能使他的全部教育成果從此為之毀滅。

・懷著善意的人，是不難於表達他對人的禮貌的。

・讀書不要貪多，而是要多加思索，這樣的讀書使我獲益不少。

・社會就是書，事實就是教材。

・最盲目的服從乃是奴隸們所僅存的唯一美德。

・勞動是社會中每個人不可避免的義務。

・我深信只有有道德的公民，才能向自己的祖國致以可被接受的敬禮。

・在我們中間，誰最能容忍生活中的幸福和憂患，我認為就是受了最好教育的人。

・要尊重兒童，不要急於對他作出好或壞的評判。

・我既找不到一個完全獻身於我的朋友，我就必須有些能以其推動力克服我的惰性的朋友。

・問題不在於教他各種學問，而在於培養他愛好學問的興趣，而且在這種興趣充分增長起來的時候，教他以研究學問的方法。

・無知的人總以為他所知道的事情很重要，應該見人就講。但是一個有教養的人是不輕易炫耀他肚子裡的學問的，他可以講很多東西，但他認為還有許多東西是他講不好的。

・偉大的人是絕不會濫用他們的優點的，他們看出他們超過別人的地方，並且意識到這一點，然而絕不會因此就不謙虛。他們的過人之處越多，他們越認識到他們的不足。

・思考與實用的結合，就能產生明確的概念，就能找到一些簡便方法，這些方法的發現激勵著自尊心，而方法的準確性又能使智力得到滿足，原來枯燥無味的工作，有了簡便方法，就令人感到興趣了。

・裝飾的華麗可以顯示出一個人的富有，優雅可以顯示出一個人的趣味，但一個人的健康與茁壯則須由另外的標誌來識別，只有在一個勞動者的粗布衣服下面，而不是在孌倖者的穿戴之下，我們才能發現強有力的身軀。

・人們說生命是很短促的，我認為是他們自己使生命那樣短促的。由於他們不善於利用生命，所以他們反過來抱怨說時間過得太快。可是我認為，就他們那種生活來說，時間倒是過得太慢了。

國家圖書館出版品預行編目資料

現代民主政體之父盧梭：反對君權神授、爭取平等自由，法國大革命的思想先驅 / 劉燁，曾紀軍編譯 . -- 第一版 . -- 臺北市：崧燁文化事業有限公司 , 2022.07

面；　公分

POD 版

ISBN 978-626-332-518-0(平裝)

1.CST: 盧梭 (Rousseau, Jean-Jacques, 1712-1778) 2.CST: 學術思想 3.CST: 西洋哲學

146.42　　111010352

現代民主政體之父盧梭：反對君權神授、爭取平等自由，法國大革命的思想先驅

編　　譯：劉燁，曾紀軍

排　　版：黃凡哲

發 行 人：黃振庭

出 版 者：崧燁文化事業有限公司

發 行 者：崧燁文化事業有限公司

E-mail：sonbookservice@gmail.com

粉 絲 頁：https://www.facebook.com/sonbookss/

網　　址：https://sonbook.net/

地　　址：台北市中正區重慶南路一段六十一號八樓 815 室

Rm. 815, 8F., No.61, Sec. 1, Chongqing S. Rd., Zhongzheng Dist., Taipei City 100, Taiwan

電　　話：(02) 2370-3310　　**傳　　真**：(02) 2388-1990

印　　刷：京峯彩色印刷有限公司（京峰數位）

律師顧問：廣華律師事務所 張珮琦律師

定　　價：375 元

發行日期：2022 年 07 月第一版

◎本書以 POD 印製